George Tomkyns Chesney

Englands Ende in der Schlacht bei Dorking

Erinnerungen eines alten Britten im nächsten Jahrhundert

George Tomkyns Chesney

Englands Ende in der Schlacht bei Dorking
Erinnerungen eines alten Britten im nächsten Jahrhundert

ISBN/EAN: 9783743489462

Hergestellt in Europa, USA, Kanada, Australien, Japan

Cover: Foto ©ninafisch / pixelio.de

George Tomkyns Chesney

Englands Ende in der Schlacht bei Dorking

ENGLANDS ENDE

in der

Schlacht bei Dorking.

Erinnerungen eines alten Britten im nächsten Jahrhundert.

Eine Studie,

aus dem Englischen übertragen

vom Verfasser des

ETHIOPIEN.

HAMBURG.

KARL GRÄDENER.

1879.

Wir Engländer sollten wachen und schaffen. — Ermüden wir jetzt und träumen selbstzufrieden dahin, so werden wir eines Tages unsanft erweckt werden mit der Thatsache, dass unsere Zeit dahin ist, und dass in dem Wettstreit europäischer Grossmächte Deutschland die erste ist und der Rest — nirgends!

(*Macm. Mag.* July 1878, 221.)

Ihr Enkel wollt, dass ich euch erzählen soll, wie es denn zugegangen ist, dass vor nun bald funfzig Jahren dieses Elend über uns hereinbrach. — Nun, ich habe freilich selbst mein hartes Theil mit davon erlebt; aber wahrlich, keine Arbeit ward mir noch so sauer, als zurückzudenken an die traurigen Zeiten — an das trostlose Ende von Alt-Englands Weltmacht.

Doch es mag auch gut sein, dass ihr's hört und leset; und wenn ihr jetzt von hier fortzieht in die Ferne, mag es euch eine Lehre sein, da wo ihr euch eure neue Heimath gründen möget. — Für uns kam diese Lehre nur zu spät; und doch waren auch wir genug gewarnt, wenn wir nur hätten sehen und hören wollen. Die Gefahr kam uns nicht einmal eigentlich unerwartet: Sie brach plötzlich über uns herein, das ist wohl wahr; doch ihre Vorboten hatten lange deutlich uns vor Augen gestanden; wir aber waren blind mit offnen Augen. Niemandem anders als uns selbst haben wir diese Schmach zuzuschreiben, in der Gross-Britannien zu Grund ging.

O, diese Alte Gute Zeit! — Die Alte Böse
Zeit, sollte ich sagen, die ein Mannesalter wie das
unsere entehrt sah. Ja, selbst jetzt noch, wo doch
funfzig Jahre fast darüber hingegangen sind, kann ich
nicht ruhig einem jungen Manne iu die Augen sehn,
wenn ich zurückdenke, dass ich Einer war von denen,
deren Jugend für ewige Zeit gebrandmarkt ist mit
dem Sturz Alt-Englands — Einer von denen,
welche diesen grossen Namen schändeten, der uns von
unsern Vätern unbefleckt überkommen war.

Wie glücklich war doch dieses Land damals! —
Mit dem System unseres Freihandels hatten wir den
Verkehr der ganzen Welt seit fast einem halben
Jahrhundert beherrscht, und der Reichthum, der uns
zufloss, schien kein Ende nehmen zu wollen.

London wuchs und wuchs; kaum konnte man
schnell genug Häuser bauen für all die reichen Leute,
die hier wohnen wollten, für die Kaufleute, die in den
verschiedenen Theilen der Welt Geld verdient hatten
und dann zurückkehrten, um sich hier ihr Heim zu
gründen, und die Staatsbeamten, die Gelehrten,
Ingenieure und wer sonst noch! Auch die Krämer
und die Arbeiter hier hatten damals Theil an dem
allgemeinen Wohlstand. Die Strassen reichten bis
hinaus nach Croydon und nach Wimbledon, die zu
meines Vaters Zeiten nur noch kleine Landstädte waren;
und man sprach schon von der Zeit, dass Kingstone
Reigate und Dorking auch bald mit zur Stadt gezogen
werden würden. Wir dachten damals, wir könnten
nur so fortfahren zu bauen und uns auszubreiten,
Reichthümer zu sammeln, und ganz unbeschränkt

damit zu wirthschaften. Freilich fehlte es auch damals nicht an Armuth; die Leute, die kein Geld hatten, vermehrten sich gerade so schnell wie die reichen, und der Pauperismus fing schon an uns zu bedrohen; aber wenn auch damals wohl die Armensteuer hoch stieg, so war doch immer reichlich Geld da, sie zu zahlen. Und nun gar der Mittelstand! Es schien wirklich, als ob seine Zunahme und seine Prosperität keine Grenzen haben könne. Ein Dutzend Kinder in die Welt zu setzen, hielten diese Leute damals für etwas ganz Natürliches — oder wie man sich damals ausdrückte — *die Vorsehung sandte ihnen diesen Kindersegen;* und konnte man auch nicht immer alle Töchter unter die Haube bringen, so fand man doch stets wenigstens ein gutes Unterkommen für die Söhne. Da war genug zu thun in allen Berufsarten; auch waren damals sehr leicht Staatsanstellungen zu haben in den vielen Zweigen unserer staatlichen und städtischen Behörden, die sich mehr und mehr ausdehnten, und an Macht und Einfluss zunahmen. Ueberdies konnten wir damals junge Leute noch nach Indien schicken, wo sie was Rechtes werden konnten, oder sie gingen zum Militär oder zur Marine. Damals zogen sogar ganze Familien frohen Muthes hinaus nach irgend einer jener reichen Colonien, die wir in allen Theilen der Welt hatten, und wo sie wussten, dass sie Freunde und Verwandte dort in Glück und Wohlstand finden würden, und wo sie sich dann auf dem fernen brittischen Boden eine neue Heimath gründen konnten — nicht so wie jetzt, wo wir auswandern, weil wir an Alt-England verzweifeln und nun heimathslos hinausziehn müssen in die weite,

weite Welt, die jetzt doch nur dem andern Volk gehört. Selbst Schullehrer machten damals gute Geschäfte hier zu Lande. Freilich lehrten sie n cht gerade viel — gewiss nicht, denn sie wussten selbst nicht übermässig viel, und sie brauchten damals auch nicht annähernd so vielerlei zu wissen, wie man jetzt unter dieser Regierung von ihnen fordert; aber sie verhungerten doch damals trotz ihres blossen *gesunden Menschenverstandes* nicht, denn überall im Lande baute man grosse neue Schulen mit vier- oder gar fünfhundert Schülern.

O, wir Thoren, die wir waren! Wir dachten all der Wohlstand und das Glück sei uns von Gott bestimmt und könne nimmer enden. Wir waren so blind nicht einzusehn, dass unser Land nur eine grosse Werkstatt war, in der wir die Erzeugnisse fremder Länder und Erdtheile verarbeiteten, und dass wenn unser Weltverkehr einmal gewaltsam unterbrochen würde, und ein andres Volk in der Zwischenzeit diese selben Dinge billiger und besser fabriciren würde, dann auch Niemand weiter unsre Fabricate kaufen und uns das viele Rohmaterial schicken würde, sondern nur — wie jetzt — dem andern Volke, das uns überwunden hat; und hier in unserm Lande selbst Baumwolle und dergl. bauen, können wir doch auch nicht. Es täuschte uns vornehmlich damals jener grosse Vortheil, den wir durch die Menge und die Billigkeit unsres Eisens und unsrer Steinkohlen hatten: Aber schon damals machte es sich nns fühlbar, dass in andern Ländern viel mehr Kohlen sind und bessres Eisen; und schon damals waren beide Artikel anderwärts billiger zu haben als bei uns.

Aber Dank des grossen Weltgetriebes, das wir nun einmal in der Hand hatten, dachten wir nicht daran Haus zu halten; unbesorgt um die Zukunft sandten wir in alle Welt hinaus, was wir jetzt von andern Ländern kaufen müssen.

Und in Betreff der Nahrungsmittel war England damals auch nicht reicher als wir jetzt sind; aber darum zehrten wir doch damals nicht an so kärglichem Bedarf wie jetzt. Im Gegentheil unsre weniger bevölkerten Nachbarländer lieferten uns stets das Beste und das Schönste, was sie hatten. Lediglich deshalb nur waren wir damals so reich, weil die anderen Nationen in allen Theilen der Welt durch das grosse Wirthschaftsnetz, welches wir über die ganze Erde gespannt hatten, veranlasst waren, ihre Producte nur zu uns zu senden, um sie zu verkaufen, oder sie bearbeiten zu lassen. Und wir Thoren dachten, das würde immer so bleiben. — — Vielleicht hätte es so bleiben können, wenn wir zum Mindesten nur die Anstalten danach getroffen hätten. Aber wir vergassen, dass auf unsre Macht allein der Weltverkehr sich stützte, der die Quelle unsres Reichthums war, und wer von uns dies auch wohl fühlen mochte, dachte doch nicht anders als Britanniens Weltmacht sei ganz unbesieglich. In unserm Leichtsinne waren wir zu sorglos, um daran zu denken, unsre günstigen Verhältnisse zu sichern und zu schützen als wir es noch konnten. Als aber erst einmal der Weltverkehr uns entzogen war, wollte es uns ohne unsre frühere Macht nicht mehr gelingen, ihn uns wieder zu gewinnen.

Und doch, wenn je ein Volk gewarnt war, so waren wir es. — Wie wir einst die grösste Handelsmacht der Welt waren, so waren unsre Nachbarn jenseits des Canals einst die stärkste Militärmacht in Europa. Auch bei ihnen blühte der Handel, und sie galten gar in mancher Hinsicht als das erste Volk Europas; aber auf ihre Armee bildeten sie sich doch am allermeisten ein. Und mit Recht! Sie hatten einst die Russen und die Oestreicher geschlagen, und vor Zeiten auch sogar die Deutschen, darum meinten sie, sie wären ganz unüberwindlich. — Ich entsinne mich noch sehr wohl der grossen *Revue,* die Napoleon III. in Paris abhielt während einer grossen Ausstellung (es war 1867) und wie hochmüthig er sich da gebehrdete in dem Bewusstsein, all den anwesenden Königen und Fürsten seine famose Garde vorzuparadiren. Und, drei Jahre später — wurde diese selbe Macht, die solange als die erste in Europa galt, elendiglich geschlagen und fast alle diese prachtvollen Soldaten zu Gefangenen gemacht. Solche Niederlage war bis dahin noch ganz unerhört in der Weltgeschichte; und mit solchem Beispiel vor unsern Augen, sollte man glauben, hätten wir soviel Sinn und Verstand haben müssen, diese Lehre zu beherzigen. Aber nein, wir glaubten nicht an die Möglichkeit eines solchen Unglücks — lediglich deshalb, weil uns selbst nie dergleichen betroffen hatte.

Freilich rührte es sich auch in unserm Volke damals eine Weile, und man meinte unsre Heeresmacht müsste wohl reorganisirt werden, man solle auf Vertheidigungsmittel sinnen, und sich sichern gegen solche Schlagfertigkeit der gewaltigen Macht,

die solche unversehnen Angriffe mit dieser Leichtigkeit
bewerkstelligte. Unsere Regierung brachte damals
sogar den Entwurf einer Militär-Reform beim
Parlamente ein. Es war das, wenig gesagt, eine halbe
Massregel, und unglücklicher Weise wurde überdies
der Entwurf nicht vom Parlamente als eine nationale
Angelegenheit aufgenommen, sondern zur Parteisache
gemacht — und fiel durch. Es war eine Radicale
Partei im *House of Commons,* deren Stimmen nur
per Compromiss zu sichern waren, und die blindlings
als den Preis ihrer Zustimmung gerade eine Reduction
unserer Heeresmacht, wo nicht gar vollständige Abrüstung forderte. Es war die stationäre Politik dieser
Partei, alles militärische Wesen in Verruf zu bringen,
um dadurch, wie sie meinten, den Einfluss der
Regierung und der Aristokratie zu brechen. Diese
Leute wollten nicht begreifen, dass die Zeiten sich schon
damals längst geändert hatten, dass die Regierung
bei uns thatsächlich gar keine Macht mehr hatte, und
in Wirklichkeit ganz dem Belieben des *House of
Commons* Preis gegeben war, und dass sogar diese
Parlaments-Macht anfing, einer Pöbelherrschaft Platz
zu machen. Schliesslich wurden die Minister von allen
Seiten so in die Enge getrieben, dass sie nach und
nach alle wesentlichen Punkte des Entwurfs fallen
lassen mussten — und mit denselben war es ihnen
auch kaum Ernst gewesen. Es fehlte damals übrigens
keineswegs an Geld, das zu Militärzwecken disponibel
war, wenn es nur in der rechten Weise aufgewendet
worden wäre. Die Armee kostete uns wahrlich genug,
ja mehr als genug, um uns eine völlig ausreichende
Vertheidigung zu ermöglichen, und wir hatten Leute

ausgerüstet mit Waffen aller Gattungen — mehr als wir brauchten, wenn sie nur verständig organisirt gewesen wären. Gerade in der Organisation und in Vorsichtsmassregeln liessen wir es aber am meisten fehlen, und die massgebenden Leute bei uns glaubten nicht an die Nothwendigkeit solcher Vorkehrungen.

Unsere Flotte und der Canal, der uns vom Continente trennt, meinte man, sei genug Schutz für uns. So wurde diese *Militär-Reform* denn aufgeschoben bis zu *mehr gelegner* Zeit, und die *Miliz* und unsere *Voluntiers* wurden nach wie vor ganz sich selbst überlassen; *sie einexerciren zu wollen, wäre,* so sagte man, *eine Einmischung in das Recht der Selbstbestimmung unsrer Bürger gewesen.* — Aber was soll ich euch mehr von diesen Zuständen erzählen, die euch so oft schon dargestellt sind?

Obwohl die Nation sich unbehaglich genug fühlte, so wurde sie doch erfolgreich getäuscht durch das angebliche Gefühl der Sicherheit, welche die tonangebenden Stimmen zur Schau trugen; die Warnung, welche uns das Unglück Frankreichs gab, ging an uns unbeachtet vorüber. Man hielt es damals bald sogar nicht einmal mehr für nöthig, unsre Arsenale an sichere Plätze zu verlegen, oder doch wenigstens unsre Hauptstadt gegen eine Ueberrumpelung zu sichern, obwohl die Kosten solcher Anstalten nicht einmal höhere Steuern nöthig gemacht haben würden. Die Franzosen bauten auf ihr Heer und dessen Weltruf, wir auf unsre Flotte; und in beiden Fällen war das Resultat solches blinden Vertrauens ein Verderben, wie es unsre Väter selbst in ihren schwersten Zeiten sich nicht hätten vorstellen können.

Ich brauche euch hier kaum auseinanderzusetzen, was den schliesslichen Zusammenbruch veranlasste. Die Kämpfe in Indien nahmen einen beträchtlichen Theil unsres kleinen Heeres in Anspruch; dann kamen die Verwicklungen mit Amerika, die uns schon seit Jahren bedroht hatten, und wir sandten 10,000 Mann, um Canada zu schützen — eine Handvoll, die dort nicht einmal irgend etwas thun konnte zu einer wirklichen Vertheidigung des Landes, aber doch den Amerikanern zur unwiderstehlichen Versuchung wurde, auszuziehen, und sie alle gefangen zu nehmen, besonders da drei Bataillone unsrer stolzen Garde darunter waren. Auf diese Weise war die reguläre Armee hier im Lande sogar noch bedeutend kleiner als gewöhnlich, und von diesem kleinen Reste wurde wieder die Hälfte nach Irland geschickt, um eine Fenier-Invasion zu unterdrücken, die angeblich im Westen ausgerüstet sein oder werden sollte. Schlimmer noch als alles dieses aber war — doch weiss ich nicht, ob selbst dies von viel Belang gewesen wäre, wie die Sachen schliesslich sich gestalteten — unsre Flotte war über die ganze Welt zerstreut: Einige Schiffe waren in West-Indien zur Vertheidigung unsrer dortigen Colonien, andre waren in den chinesischen Meeren, um der amerikanischen Kaperei unsrer Schiffe dort zu steuern, und ein grosser Theil war im Norden des stillen Oceans, um die Küsten unseres Gebietes in Amerika zu schützen. Dies war damals schon ein sichtlich thörigter Versuch, und doch war Amerika vor 40 Jahren noch nicht die grosse Macht, welche es heute ist. Aber wir hätten uns schon damals sagen können, dass es ganz nutzlos sei, den Amerikanern diese Gebiete streitig zu machen, die doch durch die geographische Lage, und die Umstände der Zeit am natürlichsten von ihnen verwaltet werden konnten.

Um diese Zeit war's, als gerade unsre Schiffe über die ganze Welt zerstreut und unser kleines Heer in lauter kleinen Detachments in den verschiedenen Ländern der Erde zertheilt waren: da wurde der Geheime Vertrag publicirt, durch den Dänemark und Holland annectirt wurden. Man sagt jetzt wohl, dass wir aller Noth hätten entgehen können, wenn wir damals nur uns ruhig gehalten hätten, wenigstens bis alle andren Gefahren vorüber gewesen wären; aber wir Engländer waren immer unverbesserliche Trotzköpfe: Das ganze Land schäumte vor Wuth über diesen deutschen Handstreich; das Gebräu unsrer Tagespolitik in allen Zeitungen kochte über vor Entrüstung; und das Government, aufgehetzt durch den Pöbel, liess sich vom Strome treiben und erklärte Krieg. — Wir hatten es bis dahin noch immer fertig gebracht, uns durch durch alle Verlegenheiten hindurch zu helfen, und so zweifelten wir nicht, dass unser guter Stern und unsre Dreistigkeit uns auch dieses Mal schon durchhelfen würden.

Ihr könnt euch kaum einen Begriff machen von dem Schreien und Lärmen, das damals über das ganze Land losbrach. Nicht etwa, dass die Einberufung unsrer Reserven solche Unruhe verursacht hätte, denn ich glaube, da waren kaum 5000 Mann, die man hätte einberufen können, und ein grosser Theil von diesen konnte nicht einmal aufgefunden werden; aber dagegen rekrutirte man stark überall im Lande, und man zahlte ganz fabelhaft hohes Handgeld, denn bis

50,000 Mann waren jetzt endlich vom Parlamente bewilligt worden. Dann wurde ein *Aushebungs-Gesetz* erlassen, welches die Miliz um 55,500 Mann vermehrte; warum keine runde Zahl festgesetzt wurde, weiss ich nicht zu sagen, aber der Premier-Minister behauptete, dies sei die genaue Anzahl Leute, welche zur Vertheidigung des Landes genügen würden. Dann aber hättet ihr erst die Schiffbauerei sehen sollen, die nun losging! Panzerschiffe, Courierdampfer, Kanonenbüte, Monitors — wurden massenhaft in Arbeit genommen. Jede kleine Werfte sogar erhielt ihren Theil an den Aufträgen hierzu, und man bot Tagelohn bis zu 10 ℳ. für jeden Arbeiter, der einen eisernen Bolzen einzuschlagen verstand. Dies war der Rekrutirung freilich nicht gerade förderlich, wie ihr wohl denken könnt. Ich erinnere mich auch, da war viel Gerede im Parlamente ob Handwerker zur Miliz gezogen werden dürften, da sie doch so sehr für den Schiffbau nöthig seien, und ich glaube, man nahm sie auch schliesslich nicht. Alles concentrirte sich auf die Werften; und ich zweifle nicht, wenn wir ein paar Jahre Zeit gehabt hätten statt der zwei, drei Wochen, die wir hatten, so würden wir wohl alles ganz vortrefflich fertig gebracht haben.

Es war ein Montag, als der Krieg erklärt wurde, und in ein paar Stunden hatten wir bereits den ersten Beweis davon, was für Anstalten von unserm Gegner für diesen Kriegsfall vorbereitet waren, den er in der That verursacht hatte, obwohl die eigentliche Erklärung von uns ausging: Ein frommer Aufblick zum *Allmächtigen Lenker aller Schlachten, dessen höchsten und allweisen Rathschluss wir herausgefordert hätten,* wurde uns zurück - telegraphirt; und von dem Augenblicke an war all unsere Verbindung mit dem Norden von Europa abgeschnitten. Unsre Botschafter und Gesandten wurden an demselben Tage peremptorisch auf und davon geschickt, und wir waren plötzlich ganz wie in das Mittelalter zurückversetzt.

Denkt euch nur das stumme Erstaunen, welches am andern Morgen in ganz London herrschte, als die Zeitungen ohne alle Tagesneuigkeiten erschienen; erschreckt, über das Ungeheure, was geschehen, wagten sie kaum den wahren Sachverhalt in Vermuthungen anzudeuten. — Das Ganze war in der That ein Krieg von Ueberraschungen für uns. Alles war von unsern Feinden vorher wohl überlegt und arrangirt; aber wir hatten eigentlich keinen Grund überrascht zu sein, da wir doch diese selbe Gross-Macht ein paar Jahrzehnte früher in wenigen Tagen hatten eine halbe Million Menschen in's Feld stellen sehen, mit denen sie die grösste Militär-Macht Europas ohne Umstände über den Haufen warf und davon nicht mehr Aufhebens machte als unser Kriegs-Ministerium für den Transport einer Brigade von Aldershot nach Brighton zu machen pflegte; — und überdies waren die Franzosen ohne all die Bundesgenossen besiegt worden, welche sich diesem Kriegszug gegen uns gezwungen anschlossen. — Das, was wir nun erlebten, war durchaus nicht ungewöhnlicher als das, was den Franzosen geschehen war, aber die Leute hier zu Lande konnten sich nicht an den Gedanken gewöhnen, dass was Alt-England nie vorher passirt war, nun mit einem

Male geschehen könne. Gerade wie unsre Nachbarn, wurden auch wir erst klug, als es zu spät war.

Natürlich dauerte es doch nicht lange, dass unsre Zeitungen wieder *Neuste Nachrichten vom Auslande* brachten — selbst die allmächtige Organisation, welche damals auf dem Continent im Gange war, konnte unsere geheimen Kriegs-Correspondenten dort nicht ganz ausschliessen; und obwohl quer durch Europa alle Telegraphen und Eisenbahnen gesperrt waren, so sickerten doch die Haupt-Thatsachen durch. Die gesammte Schifffahrt von Königsberg bis nach Bordeaux war mit Beschlag belegt. Die vereinigten Flotten der beiden grossen Mächte waren ausgerückt, und man sagte, sie hätten sich vor dem grössten Hafen des Nordens an der Elbe gesammelt; Truppen wurden an Bord aller Dampfer geschafft, die man in den continentalen Häfen fand; dies waren überdies meist brittische Schiffe. Es war klar, dass man eine Invasion beabsichtigte. Selbst damals aber hätten wir uns noch retten können, wenn nur unsre Flotte zur Hand gewesen wäre. Die feindlichen Batterien der Häfen, welche die zusammengestoppelte Flotte am Continent beschützten, wären freilich wohl zu stark für uns gewesen, aber nur ein oder zwei unsrer Panzerschiffe so gehandhabt, wie brittische Seeleute sie damals zu handhaben verstanden, hätten diese feindlichen Transportschiffe sämmtlich in Grund und Boden schiessen oder doch wenigstens etwas aufhalten können, dass wir so viel Zeit gewonnen hätten, wie wir brauchten um uns zu besinnen. Aber auch von unsrer europäischen Flotte war der stärkste Theil an den Dardanellen stationirt und anderweitig im Mittelmeer vertheilt, und ein paar kleinere Schiffe unsrer Canal-Flotte, die noch übrig waren, beschäftigten sich an der Westküste von Irland eifrig damit, die vermeintlichen Fenier-Banden ausfindig zu machen. So gingen zehn Tage drüber hin, ehe wir überhaupt eine Art von Flotte zusammenbrachten; da aber war es bereits evident, dass die Anstalten unsrer Feinde viel zu weit vorgerückt waren, als dass wir sie noch durch einen Handstreich hätten vereiteln können. Unsre Nachrichten, die fast alle über Spanien kamen, waren meist sehr alt, ehe wir sie erhielten, und waren überdies nur unbestimmt und allgemein gehalten. Soviel aber wussten wir, dass wenigstens ein paar Mal hundert tausend Mann auf die Beine gebracht waren; zum Theil waren sie schon eingeschifft, und in wenigen Tagen sollten alle an Bord jener Transport-Dampfer sein; auch hatten unsere Feinde mehr Panzerschiffe zur Beschützung dieser Dampfer, als wir damals zur Verfügung hatten. Ich glaube es war die Ungewissheit über den Platz, welchen der Feind zu seiner Landung wählen würde, und die Furcht vor der Möglichkeit die feindlichen Schiffe zu verfehlen, welche unsre Flotte noch einige Tage an unsrer Küste festhielt; erst am Dienstag in der zweiten Woche nach unsrer Kriegserklärung, lichtete sie die Anker und dampfte in die Nordsee hinaus.

Ihr habt ja oft gehört, wie unsre damalige Königin am Tage vor dem Auslaufen die Flotte bei Dover besichtigte, wie sie in ihrer Yacht um die prachtvollen Schiffe herumfuhr und an Bord des Admiralschiffs ging, um von dem commandirenden Admiral Abschied zu nehmen; wie sie von Rührung überwältigt zu ihm sagte, dass

sie beruhigt sei in dem Gedanken, dass die
Sicherheit des Landes seinen Händen anvertraut sei. Ihr wisst ja, was für eine stolze
Antwort ihr der brave alte Seemann gab, und wie die
sämmtlichen Mannschaften, die auf den Raaen der
Schiffe aufgestellt waren, in endlosen Jubel aus-
brachen, als Ihre Majestät davonfuhr. — Diese Scene
ward sofort nach London telegraphirt, und die Be-
geisterung der Flotte theilte sich der ganzen Stadt
mit. Ich stand vor dem Charing-Cross Bahnhof,
als der Extra-Zug der Königin von Dover dort ankam.
Als Ihre Majestät in ihrer Equipage die Station ver-
liess, war da ein Jubeln und Jauchzen, dass man
hätte glauben sollen, wir hätten mindestens schon
einen grossen Sieg errungen, wenn nicht gar den
ganzen Krieg schon beendet. Das radicale Blatt,
welches von jeher stark für Abrüstung agitirt hatte,
war während der letzten 14 Tage sehr kleinlaut geworden und hatte schon verschiedene Möglichkeiten
eines Compromisses empfohlen, um nur den Krieg
abzuwenden. In seiner Ausgabe vom nächsten Morgen
aber, war auch dieses Blatt schon wieder oben auf.
Da hiess es unter anderm in einem wunderschönen
Leit-Artikel: *Elende Zweifler fragen noch, wie wir
der Invasion begegnen sollen? — Wir antworten,
dass eine Invasion ganz unmöglich ist. Eine brittische
Flotte, bemannt mit echten Britten, deren Muth und
Enthusiasmus Rückhalt findet im gesammten Volke
dieses Landes, ist schon unterwegs den frechen Feind
zu demüthigen. Der Ausgang eines Kampfes zwischen
brittischen Schiffen und denen irgend einer andern
Nation, unter auch nur annähernd gleichen Chancen,*

kann nie zweifelhaft sein. England erwartet mit vollkommner Ruhe den Erfolg der bevorstehenden Schlacht. — Das waren die Worte dieser vielgelesenen Zeitung, aber so dachten wir damals eigentlich Alle.

Am Dienstag den 10. August stach unsre Flotte in See. Sie nahm einen unterseeischen Telegraphen mit sich, den sie hinter sich auslegte, während sie vorrückte, so dass sie ununterbrochen mit London in Verbindung blieb, und die Zeitungen brachten alle paar Minuten Extra-Blätter mit den *Neusten Nachrichten*. Es war dies das erste Mal, dass man ein solches Kunststück ausführte, und man betrachtete es damals als ein gutes Omen, dass dasselbe glückte. Ob es wahr ist, dass unsere Admiralität in London diesen Kabel-Telegraphen benutzte, um vom Lande aus ganz widersinnige Contre-Orders nach der Flotte hinzutelegraphiren, kann ich nicht mit Bestimmtheit sagen; aber es wurde damals behauptet, dass auf diese Weise dem Admiral das Commando thatsächlich ganz unmöglich gemacht worden sei; und alles, was uns dann noch von der Flotte telegraphirt wurde, waren nur ein paar kurze Anzeigen, aus denen zuletzt weder die Admiralität noch sonst irgend Jemand klug werden konnte: *Dies Schiff ist auf Recognoscirung ausgeschickt; jenes Schiff ist wieder zur Flotte gestossen; die Flotte befindet sich jetzt auf Länge und Breite so und so; u. s. w.*

Dies ging so fort bis zum Donnerstag Morgen. Ich war gerade mit meinem gewöhnlichen Morgenzuge von Surbiton zur Stadt gekommen und war auf dem Wege nach meinem Bureau, da höre ich plötzlich die Zeitungsjungen ausschreien: *Neustes Extra-Blatt*

— *Der Feind ist in Sicht!* — Nun könnt ihr euch die Aufregung in London denken! Das Geschäft in Lombard-Street ging freilich seinen Gang weiter, denn die Wechsel wurden trotz aller Kriegserklärungen fällig, und obwohl über die Existenz des Landes gewissermassen vor unsern Augen jetzt entschieden werden sollte, so gab es doch immer noch Speculanten, die sogar hieraus ein Geschäft für ihren Geldbeutel machten. Aber zuletzt überwog doch das Interesse für die Flotte auch bei solchen Alltags-Menschen, die sonst nur für ihr eigenes Vermögen Sinn hatten. Sogar die Leute, welche nach den Bankcassen gingen, um ihr Geld einzuzahlen oder Cheques einzulösen, hielten sich damit auf, mit den Bank-Commis über die Neusten Berichte vom Kriegsschauplatze zu sprechen. In den Strassen konnte man kaum vorwärts kommen, so gross waren die Menschenmassen, die sich überall anhäuften, um die Extra-Blätter zu kaufen und zu lesen. In den Häusern suchten die Bureau-Chefs und die Prinzipäle sich unnöthig in den gemeinsamen Arbeits-Räumen ihrer Angestellten zu thun zu machen, als ob sie sich scheuten, einsam in ihren Privat-Zimmern zu sitzen, und alle paar Minuten wurde Jemand hinausgeschickt, um die neusten Berichte von der Flotte zu holen. So wenigstens sah es in dem Verwaltungs-Bureau aus, in welchem ich angestellt war. Still zu sitzen war ebenso unmöglich, wie irgend eine ordentliche Arbeit vorzunehmen, und wer sich nur irgend losmachen konnte, ging auf die Strasse und irrte unter der Menge umher in dem Gedanken, dadurch eher Neue Nachrichten zu erfahren. — So schlimm auch die Zeiten waren, welche nachfolgten, so meine ich, war doch die unerträgliche Spannung, in der wir an jenem Tage gehalten wurden und der Schlag, der darauf folgte, fast das Schlimmste, was wir in der ganzen Zeit durchzumachen hatten.

Ungefähr um 10 Uhr war das erste Telegramm gekommen; eine Stunde später kam eine neue Depesche, *dass der Admiral eine Schlachtlinie formiren lasse*, und bald darauf, *dass er Befehl gegeben habe, auf den Feind zu halten und ihn anzugreifen*. — Um 12 Uhr kam die Anzeige, *Flotte eröffnet Feuer ca. 3 Meilen unterm Winde von uns* (nämlich von dem Schiffe, das den Kabel legte). So weit war alles nur Erwartung, dann aber kam die erste Unglücksbotschaft: *Ein Panzerschiff ist in die Luft geflogen — die Torpedos der Feinde richten grossen Schaden an — die Admiral-Fregatte scheint zu sinken — der Vice-Admiral hat signalisirt, es soll —* dann schwieg der Kabel; und, wie ihr wisst, hörten wir weiter nichts bis am Tage darauf das einzige Panzerschiff, welches der furchtbaren Zerstörung entgangen war, in den Hafen von Portsmouth einlief. Dann erst erfuhren wir, was geschehen war: — Wie unsre braven Seeleute versucht hatten, die feindlichen Schiffe zu entern, und wie diese, sobald unsre Flotte sich ihnen genähert hatte, plötzlich vor dem Winde davongedampft waren, als ob sie die Flucht ergriffen, in Wirklichkeit aber nur um eine Unzahl von Torpedos hinter sich zurückzulassen, die eines unsrer Schiffe nach dem andern in die Luft sprengten. Dies alles war in wenigen Augenblicken geschehen.

Unsere Regierung schien schon vorher Nachricht von dem allen erhalten zu haben; das Publicum aber blieb mittlerweile in der unerträglichsten Spannung. Vergebens sehnte jeder sich, Gewissheit zu erhalten; es war an jenem Donnerstage ganz unmöglich, irgend einer Beschäftigung nachzugehen. — Ich war früh nach Hause gegangen zum gewöhnlichen Regiments-Exerciren. Diese Uebungen waren eine wahre Erholung in solcher peinlich unruhigen Stimmung; als sie aber vorüber waren, war ich wieder rathlos, was ich mit mir anfangen sollte. Ich fuhr wieder zur Stadt, irrte dort, wie die meisten andern Leute, rastlos umher und blieb zuletzt auf meinem Bureau; aber die Nachrichten von der Flotte, auf die ich wartete, kamen nicht. In dieser aufgeregten Un-entschlossenheit verfehlte ich dann auch den Mitter-nachtszug vom Waterloo-Bahnhofe, und ging schliesslich zu Fuss nach Surbiton hinaus. — Es war eine heisse, schwüle Sommernacht. Kurz vor Sonnenaufgang langte ich endlich bei unserm Hause an. Die Strassen der Vorstadt lagen noch wie im Morgenschlummer; — es war die letzte Stille vor dem hereinbrechenden Sturme. Ich hatte meinen Schlüssel zu der Hausthüre und brauchte Niemanden zu stören. Leise ging ich die Treppe hinauf nach meinem Zimmer. Die Haus-genossen schienen ruhig zu schlafen, und kein Laut unterbrach das Schweigen dieser Morgenruhe, nur leise hörte man die Vögel im Garten singen und zwitschern. Mich ergriff der Contrast dieses stillen Friedens mit der leidenschaftlichen Erregung, die mit

diesem neuen Tage wieder losbrechen musste. Das
Haus lag ganz so still und friedlich da, wie ich es
oft in jener glücklichen vergangenen Zeit gefunden
hatte, wenn ich von Gesellschaften oder Bällen spät
nach Hause kam. Obwohl ich herzlich müde war,
konnte ich doch nicht schlafen. Ich ging zur Themse
hinunter und nahm ein Bad. Lange schwamm ich
in dem lauen Wasser umher, mehr um nur etwas zu
thun, als in der Erwartung mich davon besonders
erfrischt oder gestärkt zu fühlen. Als ich wieder in's
Haus trat, fand ich die Hausgenossen schon zu der
ungewöhnlichen Stunde am Frühstückstisch versammelt.
Aber es war in der That ein trauriges Zusammensein
an jenem Morgen. Ausser der unsichtbaren Last, die
uns alle drückte, hatte ein jeder noch seine eigne
Sorge, die er nicht aussprach. Mein Vater fürchtete,
dass seine Firma diesen Tag nicht überstehen würde.
Meine Mutter war in grosser Sorge um meinen älteren
Bruder, der mit seinem Regimente jetzt an der Küste
stand; sie war zum Frühstück heruntergekommen,
obwohl sie kaum im Stande war, ihr Zimmer zu verlassen. Meine Schwester Clara war am schlimmsten
daran; sie hätte nicht einmal ihr ganz besondres
Interesse für die Flotte zu verhehlen brauchen, denn
wir alle wussten, dass ihr Herz dem jungen Lieutenant
auf der Admiralsfregatte gehörte — einem der ersten
Schiffe, die gesunken waren — aber es war nur eine
stille Liebe gewesen und so wurde nicht darüber
gesprochen; wir mochten dem armen Mädchen unsre
Theilnahme nicht so unverhohlen aussprechen, wie wir
sie empfunden. Dieses Frühstück — die letzte Mahlzeit,
die wir noch zusammen einnahmen, war bald vorüber;

mein Vater und ich fuhren dann zur Stadt mit einem früheren Zuge als sonst, und kamen gerade dort an, als die trostlose Nachricht von dem Untergange unsrer Flotte von Portsmouth telegraphirt wurde.

Die Panic und die Aufregung an dem Tage war unbeschreiblich. Die *Consols* fielen von 93 bis auf 35; man bestürmte alle Banken; die Bank von England stellte sofort ihre Zahlungen ein; die Hälfte aller Häuser in der City erklärten sich fallit; die Regierung erliess ein Decret, welches alle grösseren Baarzahlungen suspendirte und zugleich allen Wechseln eine gesetzliche Verlängerungsfrist zusagte. Dies Moratorium aber kam zu spät für die meisten Firmen, und so auch für das Haus meines Vaters, *Graham & Co.* Sobald mein Vater in seinem Comptoir anlangte, erklärte er sich insolvent. — Wie dann ein *Aufruf zu den Waffen* erlassen wurde, und wie darauf das ganze Volk wie ein Mann aufstand — das Alles sind geschichtliche Thatsachen, die ich hier nicht zu erzählen brauche. Aber ich will euch wenigstens schildern, wie es mir persönlich dabei weiter ergangen ist.

Unser *Voluntier*-Wesen hatte ausserordentlich zugenommen seit dem Tage, dass der Krieg erklärt worden war; in ein paar Tagen vermehrte sich unser Regiment von seiner gewöhnlichen Zahl 600, bis auf über 1000; aber es fehlte an Gewehren. Man hatte uns eine Lieferung davon für den nächsten Tag versprochen, aber die haben wir nie mehr erhalten; und während wir auf diese Waffen warteten, wurde unser Regiment in zwei Abtheilungen getheilt: die

Rekruten exercirten mit unsern Gewehren des Morgens, und wir ältern Mitglieder des Regiments Abends. Die Fallissemente und die allgemeine Arbeitsstockung an jenem *schwarzen Freitage* hatten noch mehr Hände ausser Arbeit gesetzt, und fast jedermann liess sich nun bei den *Voluntier-Corps* anwerben. Am folgenden Tage war die Stärke unsres Regimentes schon bis auf 1400 Mann gestiegen, aber was konnten die machen ohne Waffen? An jenem Sonnabend freilich wurde angezeigt, dass eine Anzahl alter Musketen in der antiquarischen Waffenkammer des Tower an diejenigen Voluntier-Regimenter ausgeliefert werden sollten, welche Waffen verlangt hätten. In Folge dessen stürzten alle diese Voluntiers um die Wette nach dem Tower, und unsre Leute erlangten auch wirklich ein paar Hundert von diesen Gewehren; aber man hätte gerade so gut die Leute mit Besenstielen ihre Gewehr-Exercitien machen lassen können, als mit diesen ehrwürdigen Feuersteinschlossgewehren. Ueberdies war im ganzen Lande keine Munition für diese glatten Läufe mehr aufzutreiben. Es wurde zwar sofort eine National-Anleihe für die Fabrication von Hinterladern in Birmingham ausgeschrieben, und nahe an 50 Millionen Mark wurden in zwei Tagen gezeichnet, aber wie alles andre, so kam auch dies zu spät.

Unsre Truppen hatten schon seit 14 Tagen angefangen bei Dover, Brighton, Harwich und an andern Küstenplätzen Läger aufzuschlagen. In einigen derselben lag Miliz, in den meisten Linien-Truppen. Die Hauptquartiere unsrer Voluntier-Regimenter wurden jetzt auch in diese Läger verlegt, und die Voluntiers pflegten nun alle Tage per Eisenbahn zum Exerciren

dorthin zu fahren; an jenem Freitage aber erging an
die Voluntiers im ganzen Lande die Ordre, sich per-
manent zu den Waffen zu stellen. Nur die Voluntiers
der Hauptstadt wurden als eine Art Reserve in der
Umgegend von London gelassen, bis man sehen würde,
an welcher Stelle die Invasion versucht werden würde;
indessen waren auch wir schon in Brigaden und
Divisionen einrangirt. Unsere Brigade bestand aus
der *4ten Royal Surrey Miliz*, dem *1sten Surrey Ver-
waltungs-Bataillon* — wie man es nannte — in Clap-
ham, dem *7ten Voluntier-Regiment* in Southwark, und
meinem Regimente; aber nur das Bataillon und die
Miliz lagen an demselben Orte einquartirt, und die
ganze Brigade hatte nur zwei oder drei Nachmittage
in Bushey-Park gemeinsam exercirt, ehe wir ausrückten.
Unser Anführer sollte der Officier eines Linien-
Regimentes in Irland sein, dieser aber stiess erst zu
uns an demselben Morgen, als wir die Marsch-Ordre
erhielten. Während der vorhergehenden 14 Tage
hatte uns ein Oberst der Miliz commandirt. Aber
obwohl wir Voluntiers es sehr wichtig hatten, mit
unserm Exerciren und mit den Anstalten, die wir
treffen wollten, so hatten doch alle die, welche, wie
ich, in Bureaux der Regierung angestellt waren, mehr
als genug dort zu thun, wie ihr euch wohl denken
könnt. Diejenigen Angestellten, welche zu Voluntier-
Corps gehörten, durften die Bureaux um 4 Uhr verlassen, die andern hatten bis tief in die Nacht hinein
an ihren Pulten zu sitzen. Da waren die zahllosen
Ordres für die verschiednen Regierungs-Aemter und
die städtischen Behörden, Bekanntmachungen aller
Art, Arrangements um die Werk- und Armenhäuser

zu Hospitälern einzurichten; — diese und hundert
andere Dinge waren in unserm Bureau auszufertigen,
und da drinnen herrschte dieselbe Geschäftigkeit, wie
draussen. Aber es war ein Glück für uns, dass wir
so beschäftigt waren — die Leute, welche damals
nichts zu thun hatten, waren jedenfalls am meisten
zu bedauern.

Am Sonntag (das war der 15. August) arbeiteten
wir ganz wie an den Werktagen vorher. Früh morgens
ging ich zu einem Parade-Exerciren und fuhr dann
mit dem 9 Uhr-Zuge in meiner Uniform zur Stadt;
mein ·Gewehr nahm ich für alle Fälle mit und zum
Glück auch meinen Regenmantel. Als ich im
Waterloo-Bahnhof ankam, gingen dort allerhand un-
heimliche Gerüchte um. Von Dover aus wollte man
eine Flotte gesehen haben und eines unsrer Aviso-
Böte, die an der Küste hin- und herfuhren, brachte
die Nachricht, dass eine Menge Schiffe unweit Harwich
lägen; freilich waren sie von der Küste aus nicht· zu
sehen, aber vielleicht war die Luft nur zu unklar.
Die Courier-Dampfer des Feindes hatten alle Fischer-
böte, die sie in Sicht bekamen, aufgefangen und
versenkt, um zu verhindern, dass wir über ihre
Stellung Nachricht erhielten: einige aber entkamen
im Schutze der Nacht und erzählten unter anderm,
dass unsre Fregatte Inconstant, welche von Nord-
Amerika zurückgekommen war, ohne zu wissen, was
sich inzwischen zugetragen hatte, in die feindliche Flotte
hineingesegelt und dort sofort genommen worden sei.

In der Stadt machten sich alle Truppen marsch-
fertig. Unsre Garde in der Wellington-Kaserne
stand schon unter Waffen, und ihre Bagage-Wagen

waren fertig gepackt. Die Parade-Schildwachen der
Garde fand ich schon nicht mehr an ihrem Platze.
Ordonanzen und Stabsofficiere sah man geschäftig nach
allen Richtungen hin- und herlaufen.

An meinem Bureau arbeitete ich bis gegen
12 Uhr; und da ich seit dem frühen Morgen nichts
gegessen hatte, so war ich in der That sehr hungrig
und machte mich deshalb im Stillen fort nach meinem
Club in Parliament Street, um etwas zu frühstücken.
Es waren dort etwa ein halbes Dutzend Menschen im
Speisesaal, die ich alle nicht kannte; wenige Augenblicke drauf aber kam Danvers, der am Finanz-
Ministerium angestellt war, hereingestürzt, und von
dem hörte ich endlich die ersten authentischen
Nachrichten an jenem Tage. Der Feind hatte
bereits bei Harwich eine starke Macht gelandet, und
die Regimenter der Hauptstadt hatten Ordre erhalten,
jene Truppen zu verstärken, welche dort in der Nähe
stationirt waren; das Regiment, zu welchem Danvers
gehörte, sollte um 1 Uhr antreten, und er war nur
gekommen, um vorher noch etwas zu essen. Kaum
aber hatten wir in aller Eile unser Frühstück verzehrt
und wollten gerade vom Club fortgehn, als ein Bote
vom Finanz-Ministerium gelaufen kam:

O, Herr Danvers, ich soll Sie holen, der Staats-
secretär hat gesagt, dass alle Herren im Bureau
bleiben sollen, und dass nicht ein einziger von Ihnen
mit dem Regimente fortgehen darf.

Soll der Teufel holen, — sagte Danvers.

Wissen Sie, ob die Ordre sich auf alle Staats-
Bureaux bezieht? — fragte ich den Boten.

Ich weiss es nicht, aber ich glaub's fast; ich hab' Boten nach allen Clubs und Restaurants laufen sehn, um nach den Herren zu suchen; der Secretär sagt, es sei ganz unmöglich, dass man einen einzigen von Ihnen jetzt entbehren könne, da ist soviel neue Arbeit zu thun gekommen; es sind Ordres eingelaufen, dass unsre Berichte heut Abend nach Birmingham geschickt werden sollen.

Ich nahm mir nicht die Zeit, Danvers zu beklagen, sondern sah nur Parliament-Street entlang, ob da auch keiner von unsern Boten zu sehen sei, der mich abfassen könne; dann lief ich so schnell ich konnte nach Westminster-Bridge zu und von da nach dem Waterloo-Bahnhof.

Da sah es schon ganz anders aus als am Morgen. Der fahrplanmässige Dienst hatte aufgehört; der Bahnhof und alle Zugänge waren von Truppen besetzt; hauptsächlich waren dies Garde und Artillerie. Alles ging in schönster Ordnung zu. Die Soldaten hatten ihre Gewehre zusammengestellt und standen nun in Gruppen umher. Man merkte dort nichts von Enthusiasmus oder Prahlerei; dazu waren die Zeiten doch schon zu ernst geworden. In jedem Gesichte sah man die Stimmung aller sich wiederspiegeln, und ein jeder fühlte jetzt, wie leichtsinnig wir die Warnung, die uns doch so eindringlich gegeben war, in den Wind geschlagen hatten. Nun war das Unheil, welches wir so lange als unmöglich und undenkbar verlacht hatten, doch über uns hereingebrochen und hatte uns unvorbereitet gefunden. Aber wenn jene Soldaten auch ernst dreinschauten, so waren sie doch

ruhig und gefasst; man konnte sehn, dass sie entschlossen waren, ihre Pflicht zu thun, was auch immer
kommen möge.

Ein Zug mit einigen Compagnien der Garde
wurde gerade nach Guildford expedirt. Man sagte
mir, er würde wohl in Surbiton anhalten, und so
verschaffte ich mir mit noch mehreren andern Voluntiers
von meinem Regimente einen Platz in diesem Zuge. Wir
kamen dort auch nicht eine Minute zu früh an, denn
unser Regiment kam in demselben Augenblicke schon
auf der Landstrasse von Kingstone auf die Surbiton-
Station zumarschirt. — Unsre Brigade hatte ihre Be-
stimmung nach der Ostküste erhalten, und sollte so
schnell wie möglich von der Haupt-Güter-Station der
Ost-Bahn in Shoreditch nach Harwich befördert werden,
um dort sofort in Action zu treten. — Leere Wagen
waren bald auf einem Seitengeleise zurechtgeschoben;
unser Regiment sollte zuerst transportirt werden. Eine
ungeheure Menschenmenge war dort versammelt um
uns abfahren zu sehen, und unter andern auch die
Rekruten, die bei uns während der letzten zwei bis drei
Wochen gedient hatten, und die bei Weitem den
grösseren Theil unsres Regimentes ausmachten. Sie
sollten uns später nachkommen, wenn man sie nöthig
haben sollte, aber sie waren uns eigentlich schon in
jenem Augenblicke nur im Wege; denn da alle
Officiere und Sergeanten zu unserm activen Theil
des Regimentes gehörten, so war Niemand da, der
unter diesen Rekruten hätte Ordnung halten können,
und sie drängten sich um uns her, und zwischen
unsre Reihen durch, und hinderten uns sehr beim
Einsteigen.

Dort sah ich auch zum ersten Male unsern Brigade-
General. Er war ein echter Soldat, der ohne
Frage seinen Dienst kannte; aber für die Voluntiers
war er nicht der rechte Mann; sie scheuten sich vor
ihm, und er hatte nicht die rechte Art mit solchen
Privatleuten umzugehen.

Ich wäre gern eben nach Hause gelaufen, um
meinen Ueberzieher und den Tornister zu holen, den
ich mir vor ein paar Tagen gekauft hatte, aber ich
fürchtete zurückzubleiben. Ein gutmüthiger Camerad,
einer von unsern Rekruten, bot mir an, die Sachen für
mich zu holen, aber er war noch nicht wieder zurück,
als unser Zug abfuhr, und so ging ich denn mit nichts
als meinem Regenmantel und einem kleinen Gummi-
beutel voll Rauchtabak auf den Feldzug aus.

Der Zug war ganz ausserordentlich überfüllt; in
jedem Coupé sassen zehn Mann, und es standen ausserdem noch drei oder vier; dabei war es ein drückend
schwüler Nachmittag. Wir hatten unterwegs so oft
anzuhalten, dass wir fast anderthalb Stunden brauchten, ehe wir im Waterloo-Bahnhofe anlangten; wir
hätten beinah schneller zu Fuss hinkommen können.
Es war zwischen 5 und 6 Uhr Nachmittags als wir
dort ankamen, und es war fast 7 Uhr ehe wir vor der
Shoreditch-Station aufmarschirten. Der ganze Bahnhof war überfüllt mit Proviant und Munition, die
nach dem Osten geschickt werden sollten; uns wurde
nichts davon gegeben. Wir stellten also unsere Gewehre mitten auf der Strasse zusammen und zer-
streuten uns nach allen Seiten, um etwas zu essen
und zu trinken aufzutreiben, was wir meist sehr
nöthig hatten, namentlich das Trinken war einigen

von uns, die von der Hitze und dem Gedränge elend geworden waren, sehr von Nöthen. —

Ich war eben im Begriff mit meinem Freunde Travers in eine Wirthschaft einzutreten, als gerade seine niedliche junge Frau in seiner Equipage angefahren kam. Die meisten von uns hatten schon in Surbiton von den Ihrigen Abschied genommen; sie aber wollte sich damit nicht zufrieden geben, hatte anspannen lassen und war mit ihrem prächtigen kleinen Jungen zur Stadt gefahren, um den Papa noch einmal zu sehen. Sie brachte ihm auch seinen Tornister und seinen Ueberzieher, und was noch besser war, einen grossen Korb mit gebratenen Hühnern, Zunge, Butterbrot, Cakes, und ein paar Flaschen Pontet Canet; — und diese wackren Leutchen bestanden darauf, dass ich mein Theil von diesen delicaten Leckerbissen abhaben müsste.

Die Zeit rückte vor, und der Abend senkte sich auf die Stadt. Die Surrey-Miliz, welche von Kingstone ganz zu Fuss durch die Stadt hermarschirt war, kam heran und inzwischen waren auch schon die andern Voluntier-Regimenter dort angelangt. Am Bahnhofe war es inzwischen etwas freier geworden; ein grosser Theil von den Vorräthen war bereits abgesandt; eine Abtheilung Artillerie, zwei Regimenter Miliz und ein Bataillon der Linie waren ebenfalls expedirt; nun sollten wir drankommen, und lange Reihen Waggons wurden schon für uns zurechtgeschoben; dennoch blieben wir in der Strasse aufgestellt. — Es schien in dem Augenblicke, als ob mehr Menschen in London seien, als je, und wir konnten vor lauter Zuschauern gar nicht vorwärts

kommen — Höker, die Früchte verkauften, andre mit
sonstigen nützlichen Dingen, Zeitungsjungen, alles
drängte sich durch einander, von den Droschken und
Omnibussen gar nicht zu reden; und dazwischen ritten
Ordonanzen und Stabs-Officiere beständig ab und zu.
Ein grosser Theil der Miliz-Soldaten und auch einige
von unsern Leuten hatten offenbar zu viel getrunken;
vielleicht war es auch die Wirkung der Sonnenhitze
auf den leeren Magen; jedenfalls machten sie einen
heillosen Lärm. Das Getöse, der Staub, und die
Hitze den Augenblick waren ganz unbeschreiblich.

Immer weiter rückte der Abend vor; aber alle
Informationen, die unsre Officiere aus unserm Brigade-
General herausbringen konnten, waren die, dass wir
für den Augenblick stille stehen und abwarten sollten.
Unser General schien auf Instructionen von irgend
einem andern General zu warten. — Nach und nach
wurden die Strassen ruhiger und kühler. Der Brigade-
General war, um uns ein gutes Beispiel zu geben,
mehrere Stunden zu Pferde geblieben; man hatte ihm
dann aus einem Laden einen Stuhl herausgeholt und
nun sass der alte Herr auf demselben eingenickt. Die
meisten unsrer Leute lagen oder sassen auf dem
Strassenpflaster — einige schliefen, andre rauchten.
Vergebens hatte Travers seine Frau gebeten, nach
Hause zu fahren; sie blieb dabei, sie sei einmal so
weit her gekommen, und wolle uns nun auch jedenfalls abfahren sehen. Die Equipage war in eine
Nebenstrasse geschickt worden, da sie den Weg
sperrte. Er hatte sich dann auf eine Thürschwelle
gesetzt und sie sass neben ihm auf seinem Tornister.
Der kleine Arthur war zuerst ganz ausser sich ge-

wesen vor Vergnügen über den Lärm und die vielen
Uniformen, aber als die erste Aufregung vorüber war,
wurde er müde und eigensinnig, und weinte sich zuletzt in seines Vaters Armen in den Schlaf; sein
gold-blondes Haar und sein kleiner dicker Arm hingen
über dessen Schulter herab.

So war eine Stunde nach der andern traurig
dahingeschlichen; dann plötzlich rüttelte uns ein
Trompetensignal auf. — Wir sollten nach der Waterloo-
Station zurückmarschiren. Die Landung an der Ostküste sei nur eine Kriegslist gewesen, hies es, der
eigentliche Angriff würde vom Süden aus gemacht.
— Irgend eine Entscheidung war uns lieber als die
Ungewissheit und das Warten, und obwohl wir alle
herzlich müde waren, so begrüssten wir doch die
Order des Rück-Marsches mit grosser Freude. Wir
liessen Frau Travers ihren Wagen selbst suchen. Der
kleine Arthur, der nun wieder wach wurde, liess sich
freundlich und ruhig von seiner Mutter forttragen.

Wir langten in Waterloo nicht vor Mitternacht
an, und dann gab's wieder einen langen Verzug bis
zur Abfahrt. Es waren dort einige Miliz- und
Voluntier-Regimenter vom Norden angekommen; der
Bahnhof und der ganze zur Station gehörige Bezirk
war überfüllt mit Leuten, und es wurden Züge
expedirt so schnell wie nur je in der Welt solcher
Eisenbahndienst geleistet worden ist. — Diese ganze
Zeit über hatten wir seit jener kurzen Anzeige keine
weiteren Nachrichten gehört. Die Aufregung, welche
zuerst geherrscht hatte, war allmählig unter dem Ein-
flusse der Ermüdung und des Schlafbedürfnisses ab-
gekühlt, und die meisten von uns schliefen schon,

3*

sobald wir nur im Zuge sassen. Ich selbst wenigstens schlief und wurde erst wieder aufgestört durch das plötzliche Anhalten unsres Zuges bei Leatherhead. Wir begegneten dort einem andern Zuge, der zur Stadt zurückkehrte, und es waren einige Leute in demselben, welche die neusten Nachrichten von der Küste mitbrachten. Wir konnten von unserm Ende des Zuges nicht hören, was sie sagten, aber das Gerücht lief schnell die Reihe der Wagen entlang: Der Feind war in Worthing gelandet und hatte seine ganze Macht bereits ausgeschifft. Seine Stellung war sofort von unsern Truppen, die bei Brighton lagen, angegriffen worden, und der Kampf sollte mit Tagesanbruch wieder beginnen. Die Voluntiers hatten sich gut gemacht. — Das war alles was wir erfahren konnten. Die Invasion war also doch geschen! — Es war übrigens klar, dass der Feind nicht zurückgetrieben war, und so konnten wir noch zur rechten Zeit kommen, um ihn schlagen zu helfen.

Es war gerade im Augenblicke des Sonnenaufganges, als unser Zug langsam und vorsichtig in die South-Western Station bei Dorking hineinfuhr. Unzählige Male hatten wir schon unterwegs angehalten; hier aber blieb unser Zug eine lange Zeit stehen, und wir erhielten Erlaubniss auszusteigen, um uns etwas zu strecken und zu recken. Wir waren nur zu froh diese Gelegenheit zu benutzen, denn wir waren während der Nacht sehr eng zusammengestaut gewesen. Die meisten von uns machten hier ihr Frühstück von der Fourage, die sie sich von Shoreditch mitgebracht hatten. Ich hatte die Reste von

Frau Travers' Hühnern und etwas Brot in meinen
Regenmantel gewickelt, und theilte dies jetzt mit ein
paar weniger glücklichen Cameraden. — Wir konnten
von der Station aus sehen, dass die Bahn vollständig
mit Zügen besetzt war vorwärts so gut wie rückwärts.

Gegen 8 Uhr etwa erhielten wir Order wieder
einzusteigen, und langsam bewegte sich endlich der
Zug nach Horsham zu vorwärts. — Horsham-
Junction, sagte man, sei der Punkt, wo wir
Stellung nehmen sollten; aber als wir gegen 10 Uhr
noch in einer kleinen Station ein paar Meilen vorzu
hielten, kam der Befehl auszusteigen; und unsre
Brigade formirte sich dann in Colonnen auf der Landstrasse. Hinter uns war eine Abtheilung Artillerie,
und vor uns (sagte uns ein Stabs-Officier) sei eine
andere Brigade, die zusammen mit der unsrigen eine
Division bildete.

Nach weiterem Verzug wurde unsere Colonne
endlich in Bewegung gesetzt — aber nicht vorwärts:
unsre Richtung war gen Nord-Westen, und eine
bange Ahnung von dem wahren Sachverhalte dämmerte
in meinem Geiste auf. Horsham war bereits von der
Avant-Garde des Feindes besetzt; wir sollten uns auf
die Anhöhen der Leith-Common zurückziehen und dort
Stellung nehmen, um den Feind in der Flanke zu
bedrohen, sobald er bis Guilford oder Dorking vorrücken sollte. — Diese Vermuthung bestätigte sich
bald durch das, was der Brigade-General unserm
Oberst sagte, und was wie ein Lauffeuer durch unsre
Reihen ging. In jenem Augenblicke hörten wir zuerst Kanonendonner, der aus weiter Ferne von einer
leichten Südbrise zu uns herüber getragen wurde.

Eine Stunde später hörte das Schiessen auf. Was hatte das zu bedeuten? — Niemand wusste es bei uns. — Mittlerweile setzten wir unsern Rückzug fort. Der Tag war wieder schwül und drückend; die Staubwolken, welche wir beim Marschiren aufwühlten, erstickten uns fast. Ich hatte noch eine Soda-Wasser-Flasche voll Rothwein von dem Abendessen in Shoreditch übrig; aber das reichte nicht weit, denn da waren viele durstende Kehlen, mit denen ich den Wein zu theilen hatte, und bald war der Durst schlimmer als vorher. Einige von unserm Regiment blieben thatsächlich vor Flauigkeit am Wege liegen, und wir mussten sehr häufig Halt machen, damit die Marodeure nachkommen konnten.

Endlich erreichten wir Leith-Hill. Dies ist der höchste Punkt in ganz Süd-England. Die Aussicht von dort ist wunderbar schön, und selbst an jenem Sommermorgen bot uns die Landschaft dort einen lieblichen Anblick dar, obwohl in der Nähe betrachtet, das Gras von der Sonne fast braun gedörrt war. Aber es war doch eine wahre Erholung für uns, von der staubigen Landstrasse endlich auf den Rasen der *Common* zu gelangen, und auf jenen Anhöhen erfrischte uns überdies eine köstliche Briese. — Dort konnten wir zum ersten Male unsre ganze Division übersehen. Unser eignes Regiment zählte nicht mehr als 500 Mann, da eine Menge Leute von den Regierungs-Bureaux dazugehört hatten, und die andren Regimenter waren meist nicht viel stärker. Das Miliz-Regiment aber war fast überzählig und unsre ganze Division, sagte man, seien im Ganzen nahezu 5000 Mann. Wir konnten von unserm Platze

aus auch noch andre Truppen übersehen, die sich an
unsre Division anschlossen; ich bemerkte ein paar
Feld-Batterien unsrer Royal Artillery sowie auch
einige schwere Geschütze, die offenbar einem Voluntier-
Corps gehörten und von starken Arbeitspferden gezogen wurden.

Die kühlere Luft, das Bewusstsein unsrer starken
Anzahl und die offenbar sehr gute Position, die wir
eingenommen hatten, frischten unsern Muth wieder
etwas auf; denn ich kann nicht leugnen, dass derselbe
im Laufe des Morgen sehr gesunken war. Nicht,
dass wir nicht voll Verlangen gewesen wären, mit
dem Feinde handgemein zu werden, aber dieses Hin-
und Hermarschiren und das ewige Haltmachen liess
uns auf die Unentschlossenheit derjenigen schliessen,
denen die Leitung des Ganzen anvertraut war. —
Da war nun der Feind in zwei Tagen schon mehr
als 20 Meilen weit in unserm Lande vorgedrungen,
und noch war kaum etwas geschehen, ihn aufzuhalten.
Ueberdies beunruhigte uns die Unkenntniss über das
Vorrücken des Feindes, in der wir Voluntiers, von
unserm Obersten abwärts, gehalten wurden. Wir
malten uns die ganze Zeit über nur aus, wie der
Feind seinen sorgfältig ausgearbeiteten Angriffsplan
unbeirrt durchführte. Gerade diese Stille, mit der er
vorzurücken schien, erfüllte uns mit einem geheimen
Schauder.

Wie nun der Tag so in Unthätigkeit hinging,
wurde uns sehr bald fühlbar, dass wir seit dem frühen
Morgen nichts gegessen hatten. Aber keine Vorräthe
irgend welcher Art waren zu haben, und Proviant-
meister schienen überhaupt nicht da zu sein. — Als

wir am Tage vorher vom Waterloo-Bahnhof abfuhren,
stand dort ein ganzer Zug voll Vorräthen fertig aufgestellt, und unser Oberst schlug vor, man sollte einen
Wagen dieses Zuges an den unsrigen anhängen, damit
wir doch im Nothfall etwas zu leben hätten; aber der
Officier, der an jenen Zug commandirt war — einen
Controlleur-Assistenten glaube ich nannte man ihn —
sagte, er habe Ordres, jene Vorräthe zusammenzuhalten,
und ohne den Befehl seines Chefs könne er nichts
von denselben fortgeben. So fuhren wir ohne den
Proviant davon. Wer von uns Tabak hatte, rauchte
seine Pfeife, und in der That giebt es keinen bessern
Trost unter solchen Umständen. Ich hörte später,
dass das Miliz-Regiment Proviant für zwei Tage in
ihren Tornistern hatte, wir Voluntiers aber hatten
keine Tornister und erhielten mithin auch nichts, was
wir hätten hineinthun können.

Während dieser ganzen Zeit nun, dass wir dort
im Grase lagen, und unsere Gewehre zusammengestellt
hatten, sahen wir den commandirenden General und
die beiden Brigade-Generäle mit ihrem Stabe langsam
von einer Ecke der *Common* zur andern reiten, und
beständig mit ihren Ferngläsern südwärts schauen;
Ordonanzen und Stabsofficiere kamen und gingen
ununterbrochen. Endlich ungefähr um 3 Uhr kam
eine kleine Abtheilung Lanciers und ein Regiment
berittene Miliz auf der Landstrasse von Horsham daher.
Diese Reiterei schien weiter vorgerückt gewesen zu
sein, und stellte sich jetzt in einer Colonne eine
kurze Strecke vor, unsrer Front auf, und zwar nach
Süden gerichtet, Ob sie von da irgend etwas sehen
konnten, weiss ich nicht; wir selbst waren am nörd-

lichen Abhang der Anhöhe aufgestellt. Kurz darauf
hörten wir ein Trompetersignal. Die Officiere wurden
zum General befohlen, und erhielten kurze Instructionen;
dann brach unsre Colonne wieder auf und marschirte
wieder nach London zu weiter; dieses Mal bildete
die Miliz den Nachtrab unsrer Brigade. Bald verbreitete sich ein Gerücht über diesen Rückmarsch
durch unsere Reihen. Der Feind wolle uns dort
nicht angreifen, sondern versuche unsre Stellung zu
theilen; er formire eine Front gegen Reigate und
eine andre gegen Aldershot, deshalb seien wir gezwungen zu retiriren und bei Dorking Stellung zu
nehmen. — Die Höhen des grossen Kreide-Bergzuges
also waren jetzt zu vertheidigen. Eine starke Macht
ward um Guilford concentrirt, eine andere um Reigate;
und wir selbst sollten Dorking auf uns nehmen, und
dort den Feind erwarten. Das war, soweit wir
Privatsoldaten in Erfahrung bringen konnten, die
Operations-Basis für unsern Schlachtplan.

Wir marschirten also von Leith-Hill nach Norden
zu abwärts. Von einigen Punkten hatten wir einen
kurzen Blick auf die Bahn von Horsham nach Dorking,
welche dort im Thale entlang läuft; wir sahen Arbeiter
in rother Uniform auf derselben beschäftigt; es hiess,
das sei das Genie-Corps, welches die Schienen auf-
nähme. Rastlos ging es voran. Der Staub schien
schlimmer denn je. In einem Dorfe, durch das wir
passirten — ich habe den Namen vergessen — stand
eine Pumpe auf dem Dorfplatze. Hier endlich machten
wir einen Augenblick Halt und tranken nach Herzens-
lust. Etwas später kamen wir durch ein grosses
Bauerngehöft; die Pächtersfrau und zwei oder drei

ihrer Mägde standen an der Pforte und reichten uns Stücke Brot und Käse aus Körben, die sie trugen. Ich erwischte auch einen Bissen von einem kleinen Stück; aber der Boden des Korbes dieser braven Frau war jedenfalls sehr bald erreicht. Von da an bekamen wir nichts mehr, bis wir endlich gegen 6 Uhr Abends in Dorking anlangten; die meisten Gutshöfe, durch die wir passirten, schienen schon verlassen zu sein.

In Dorking angekommen, stellten wir uns in Reihe und Glied in der breiten Hauptstrasse auf. Gerade uns gegenüber war ein Bäckerladen. Unsre Leute erbaten sich, anfangs zwei oder drei zur Zeit, die Erlaubniss, austreten zu dürfen, um sich dort Brot zu kaufen, aber bald liefen auch andre davon, und schaarten sich um den Laden, und zuletzt gab's eine richtige Balgerei dort. Wäre da irgend welche Ordnung gehalten, und eine regelrechte Vertheilung vorgenommen worden, so würden alle zweifellos Selbstbeherrschung genug gezeigt haben, aber der Hunger macht den Menschen egoistisch; jeder fühlte, dass sein Dahintenbleiben niemanden Vortheil bringen könne und dass vielmehr nur er sein Theil verlieren würde. So endete dieser Scandal in einer allgemeinen Prügelei des ganzen Regimentes. Der Laden war in zwei Minuten vollständig leer, und an's Bezahlen war bei dem Gedränge garnicht zu denken. Unser Oberst bemühte sich vergebens, dem Scandal zu steuern; einige der Officiere waren gerade so schlimm, wie die Gemeinen. In dem Augenblicke ritt ein Stabsofficier vorbei; er konnte kaum durch dies Gewühl hindurchkommen, und man drängte ihn in höchst unmanierlicher Weise hin und her. Er wurde mit Recht

ärgerlich und rief uns zu: *So betragen Sie sich doch*
anständig, wie Soldaten, und nicht wie eine Bande
Strassenräuber!

O, warum nicht gar, Herr Prinzipal, rief
Dick Wake ihm zu, Sie werden doch so ein paar
armen Teufeln ihr bischen Futter gönnen? —
Wake war erst kürzlich als Advocat immatriculirt,
und war, wie wir es damals nannten, ein ganz im-
pertinent gescheuter Junge, und übrigens gutmüthig
genug. Als aber seiner schnodderigen Bemerkung
noch einige faule Redensarten andrer folgten, wurde
der Stabsofficier vollends aufgebracht.

Ordonanz, rief er dem Lancier, der hinter ihm
ritt, zu, *führen Sie diesen Mann zum Profoss-*
Marschall. — Und was Sie betrifft, Herr Oberst,
so würden Sie und Ihre ausgezeichneten Herren
Officiere gut thun, dieses Pack etwas besser in Ord-
nung zu halten, wenn Sie nicht wünschen, dass ein
paar von ihren Leuten noch vor ihrer Zeit erschossen
werden. — Unser Oberst sass dabei in stummem
Erstaunen auf seinem Pferde, und der arme Dick, der
schon begossen genug aussah, würde sicherlich am
Schwanz des Sergeantenpferdes davon geschleppt
worden sein, wenn nicht glücklicherweise noch unser
Brigade-General dazu gekommen wäre, und die Er-
ledigung der Sache auf sich genommen hätte. Er
commandirte uns dann zur Stadt hinaus auf die Anhöhen an der Nordseite des Ortes. — Dieser Zwischen-
fall machte uns zugleich ärgerlich und auch verzagt.
Es ärgerte uns, dass wir uns so wegwerfend hatten
behandeln lassen müssen und doch fühlten wir, dass
wir diese Behandlung verdient hatten; wir schämten

uns unsrer Unmanierlichkeit. Dann aber hatten wir dadurch auch das Vertrauen zu unserm Oberst verloren, da er sich doch offenbar dabei blamirt hatte. Er war ein herzensguter Kerl, dieser Oberst, und bewies sich den nächsten Tag auch als ein braver Kerl; aber er suchte was darin, sich populär zu machen, und hatte eigentlich keine Ahnung davon, wie man Disciplin hält.

Wir waren übrigens kaum auf der Anhöhe angelangt, nach der wir hincommandirt waren, um dort für die Nacht zu bivouakiren, als wir hörten, dass ein Proviantzug am Bahnhofe angelangt sei. Fuhrwerk, um den Proviant zu uns herauf zu holen, hatten wir nicht; wir sandten also eine kleine Abtheilung aus, und diese Leute brachten uns die Nahrungsmittel in ihren Armen herauf: Bröte, ein Fass Rum, Packete Thee, und grosse Stücken Fleisch — genug für alle; dann aber hatten wir wieder keinen einzigen Kessel im Regiment, und wir konnten doch das Fleisch nicht roh essen. Der Oberst und die Officiere waren auch nicht besser dran. Sie hatten sich einen Regimentstisch arrangirt mit vollständigem Geschirr, Bedienung und allem, was dazu gehörte; aber dieses ganze Institut gelangte nie an Ort und Stelle, und was daraus geworden, oder wo es schliesslich hingerathen sein mochte, das ahnte niemand.

Einige von uns wurden nun in die Stadt geschickt, um zu sehen, was sie an Koch-Utensilien auftreiben könnten; ich war einer von diesen. Wir fanden die Strassen voll Artillerie, Train und berittnen Officieren, auch einige Voluntiers, die, wie wir, ausgegangen waren, um Einkäufe zu machen;

in allen Häusern schienen Soldaten einquartirt zu
sein. Wir erlangten schliesslich wirklich ein paar
Kessel und Töpfe; und ich verschaffte mir auch eine
lederne Tasche mit einem Riemen dran, so dass ich
sie um die Schulter hängen konnte. Dies Ding kam
mir später sehr zu Statten. Mit diesen Schätzen beladen, schleppten wir uns zu unserm Bivouak auf der
Anhöhe zurück, und füllten unterwegs noch die
Kessel mit ziemlich schmutzigem Wasser aus einem
Bache, den wir zu passiren hatten; denn bei demselben angekommen, fiel uns erst ein, dass oben auf
der Anhöhe jedenfalls kein Wasser sei. — Die
Entfernung war ein paar Meilen Weges, und wir
waren schliesslich so erschöpft und überangestrengt,
dass wir kaum im Stande waren, noch zu essen. Die
Kocherei war überdies nicht gerade brillant, wie ihr
euch wohl denken könnt. Alles was wir thun
konnten, war Stücke Fleisch abzuschneiden, sie in
den Töpfen zu kochen, und beim Essen unsere Finger
als Gabeln zu benutzen. Wirklich erfrischend war
allein der Thee, den aber tranken wir auch töpfen-
weise. — Es hatte übrigens unsern Leuten Mühe
genug gemacht, überhaupt Feuer anzumachen, denn
obwohl die Anhöhe mit wunderschönem Wald bedeckt
war, so konnten wir doch kaum Holz genug zusammen
bekommen, da wir nichts als unsre Taschenmesser
hatten, um Zweige abzuschneiden.

Eben vordem es dunkel wurde kam der Brigade-
General mit seinem Adjutanten zu unserm Oberst
heran, um ihm zu zeigen, wo und wie er ein Piquet
vor unsrer Position aufzustellen hätte. Ich glaube
diese Vorsicht war nicht eigentlich nothwendig, da

ja die Stadt vor uns lag und diese noch von unsern
eignen Truppen besetzt war; aber zur Uebung mochte
es wohl gut sein. Wir placirten dann eine Vorposten-
linie vor uns und hinter uns in Verbindung mit dem
Regimente, das sich zur Seite an uns anschloss.

Endlich legten wir uns zum Schlafen nieder.
Meine Compagnie hatte nicht die Wache, und so
hatte ich wenigstens für die Nacht Ruhe; aber so
müde ich auch war, so konnte ich bei der Aufregung
in dieser ungewohnten Lage doch kaum schlafen;
und obwohl die Nacht still und warm war und wir
durch das Gehölz geschützt waren, fand ich es doch
bald sehr kühl, da ich nichts hatte, um mich zuzu-
decken, als meinen dünnen Regenmantel, und um so
mehr, da mein Zeug von Transpiration den ganzen
Tag über nicht trocken geworden war. Nach einem
sehr kurzen Schlummer wachte ich schon vor Tagesanbruch auf über und über fröstelnd und war froh,
mich mit noch mehreren andern am Feuer wärmen
zu können. Dann erst bemerkte ich, dass die Abhänge der Anhöhen an der Südseite der Stadt ebenfalls mit Wachtfeuern übersät waren. Wir glaubten
anfangs es seien schon feindliche Feuer; bald darauf
aber hörten wir, dass der Boden noch von einem
starken Nachtrab unsrer Linien-Truppen besetzt sei,
und dass wir keine Ueberrumpelung zu befürchten
hätten.

Mit dem ersten Morgengrauen wurde Reveille
geblasen; wir rappelten uns auf; dann wurde Appell
gehalten. Ungefähr 20 Mann fehlten, die am Tage
vorher krank liegen geblieben waren; ich glaube man

hatte sie per Eisenbahn während der Nacht nach London geschafft. — Wir hatten schon etwa eine halbe Stunde in Reih und Glied gestanden, als der Brigade-General herankam und die Order gab, die Gewehre zusammen zu stellen. Wieder eine halbe Stunde später hiess es, wir sollten so schnell als möglich Frühstück machen und zugleich Essen für den ganzen Tag kochen. Dies bewerkstelligten wir dann ungefähr in derselben Art wie am Abend vorher.

Mittlerweile hatten wir Musse uns umzuschauen und die Lage zu erwägen, in der wir uns dort befanden. Unser Regiment stand an der äussersten Kante der Hügelkette, die sich von Guilford nach Dorking erstreckt. Diese ist zwar nur ein Theil des grossen Kreide-Bergzuges, der sich über eine viel weitere Strecke ausdehnt, von Aldershot im Westen bis an den Medway-Fluss im Osten; aber gerade da wo jener oben erwähnte Bach, der bei Dorking vorbeifliesst, die Mole, sich scharf nordwärts der Themse zuwendet, ist ein Thaleinschnitt in diesem Bergrücken, und an dem westlichen Abhange dieses Thaleinschnittes waren wir aufgestellt. Der Platz, wo wir bivouakirt hatten, schien ein herrschaftlicher Park zu sein. Etwas oberhalb dieser Stelle zu unsrer Rechten sah man ein schlossartiges Gebäude, zu dem der Park vermuthlich gehörte; dort hatte unsre Division ihr Hauptquartier aufgeschlagen. Von diesem Hause aus fiel der Abhang südwärts sehr steil ab nach dem Thal zu, das in nahezu ost-westlicher Richtung mit dem Bergrücken parallel läuft, und in welchem die Bahn von Reigate nach Guildford entlang führt. In diesem Thale, unmittelbar vor jenem Landhause in

einer Entfernung von ungefähr anderthalb (engl.)
Meilen lag die reizende kleine Stadt Dorking, wie in
einem Nest von Bäumen versteckt, und lehnte sich
an den gegenüberliegenden Thalabhang, der sich
weiterhin bis nach Leith-Common, der Scene unsres
Marsches am vorigen Tage, erstreckt. Die eigentliche Stadt Dorking lag also zu unsrer Rechten, aber
die Vorstadt erstreckte sich so weit östlich, dass sie
fast gerade vor uns lag; sie endete in einer der
verschiedenen Eisenbahnstationen, die um Dorking
herumlagen, und von dieser Station aus erhob sich
der Park-Abhang, auf dem wir Stellung genommen
hatten. Um diese Eisenbahn-Station gruppirten sich
mehrere Landhäuser und ein oder zwei Wasser-
mühlen, deren Gärten wir wie aus der Vogel-
perspective übersehen konnten; die kleinen Teiche
glitzerten in der Morgensonne wie Spiegel.

Unmittelbar zu unsrer Linken in dem Thaleinschnitte, den ich eben beschrieben habe, längs der
Mole und rechtwinkelig zu der Bahn von Guilford
nach Reigate führte die Bahn von Horsham nach
London über die Epsom-Downs, wo damals noch die
weltberühmten Derby-Rennen alle Jahre stattfanden.
Dicht bei dem Punkte, wo sich diese beiden Bahnen
trafen, und auch nicht weit von dem eben genannten
Bahnhofe war die Station der Waterloo-Bahn, auf
der wir am Tage vorher unser Frühstück eingenommen hatten.

An der andern Seite des Thaleinschnittes, also
ostwärts (zu unsrer Linken) erhob sich die Fort-
setzung des Kreide-Bergzuges. Die Schulter dieses
Bergrückens nach dem Thaleinschnitte zu ist der be-

kannte Box-Hill, so genannt von den Buxbaum-
Anlagen, mit denen die Anhöhe damals bedeckt war.
Die Abhänge derselben sind sehr steil.

Der Kamm dieses ganzen Bergrückens war mit
Truppen bedeckt; und die natürliche Stärke unsrer Position war auf den ersten Blick ersichtlich. Der steile
Abhang, an dem wir aufgestellt waren, war meist nur
mit Gras bewachsen und ohne Wald; das Ganze schien
wie ein Schlachtfeld für uns gemacht zu sein. Unser
schwacher Punkt war allein der Thaleinschnitt zwischen
uns und dem Box-Hill. Konnte der Feind seinen
Weg durch denselben forciren, so war unsre Schlachtlinie in zwei Theile geschnitten, und jeder dieser
Theile konnte dann einzeln leicht überwältigt werden.

Aber ihr müsst nicht glauben, dass ich damals
diese ganze Lage der Verhältnisse mit so kritischen
Augen ansah. Jedem mussten unwillkürlich die
evidenten Vortheile unsrer Position auffallen; was
aber damals meinen Blick am meisten fesselte, das
war die friedliche Anmuth der Gegend, die kleine
Stadt, deren Häuser-Umrisse in blauen Morgendunst
gehüllt waren, die üppige Fülle des Grüns und die
massigen Formen der grossen schönen Bäume, der
herrliche Sonnenschein, und der tief-blaue Himmel.
Der Wald am südlichen Abhange des Thales von
Dorking war so dicht, dass man ihn fast für einen
Urwald hätte halten können. Der stille Frieden, der
über der Gegend lag, zog mich um so mehr an, weil
er so sehr mit der Vorstellung von dem contrastirte,
was wir unmittelbar darauf erwarten mussten; und
ich entsinne mich sehr wohl des bittren Unmuths,
der mich überfiel bei dem Gedanken, dass es nun zu

spät sei, diese kommende Verwüstung abzuwenden, und wie leicht wir sie doch hätten ganz vermeiden können. Jetzt war's zu spät! —

In jenem Augenblicke freilich schien Niemand diese gedrückte Stimmung mit mir zu theilen. Die Scenen in meiner unmittelbaren Nähe waren nichts weniger als düster; es war im Gegentheil Munterkeit und Lärm genug in unserm Lager. Wir hatten die erste Nachwirkung unsrer gestrigen Strapazen überwunden und hatten überdies wenigstens genug gefrühstückt. Wir waren voller Enthusiasmus, jetzt bald an der Vertheidigung unsres Vaterlandes activen Antheil nehmen zu können, und der Anblick der grossen Truppen-Macht, die wir um uns versammelt sahen, begeisterte uns. Am Abhang des Bergrücken entlang sahen wir noch fortwährend Truppen heranziehen — Voluntiers, Miliz, Cavallerie und Artillerie. Man sagte, diese seien am Tage vorher bis Leatherhead marschirt und jetzt seit Tagesanbruch von dort herübergekommen. Lange Eisenbahnzüge brachten auf der directen Bahn von London durch den Thaleinschnitt noch beständig Verstärkungen an Voluntiers und Miliz heran, welche meist auf dem Bergrücken zu unsrer Rechten, einige auch zu unsrer Linken jenseits Box-Hill aufgestellt wurden. Wir gehörten jetzt, wie man uns sagte, zu einem Armee-Corps, das aus drei Divisionen bestand; welche Regimenter aber die andern Divisionen bildeten, das habe ich nie erfahren.

Aufmerksam beobachteten wir alle diese Truppenbewegungen; wir hatten uns mit unserm Frühstück sehr geeilt, denn wir glaubten, die Schlacht könne jeden Augenblick beginnen. Am frühen Morgen

hatten wir auch von Guilford einen Zug mit Roth-
röcken herüberkommen sehen; derselbe hielt an der
kleinen Station zu unsern Füssen, und als die
Truppen ausstiegen, konnten wir auch ihre Bären-
Mützen erkennen. Es war ein Theil der Garde, der
zu uns herübergeschickt wurde, um dieses Ende unserer Schlachtlinie zu verstärken. Sie liessen ein
kleines Detachement am Eisenbahndamm zurück, der
Kern der Abtheilung aber marschirte dann mit leichtem
Schritt und zum Takte des lustigen Marsches ihres
Musikcorps heran. Sie stellten sich quer über den
Thaleinschnitt zu unsrer Linken auf, so dass sie dadurch unsre Schlachtlinie bis Box-Hill hinüber vollständig schlossen. Es schienen drei Bataillons zu
sein.

Kurz darauf wurde ich nach Box-Hill hinüber-
geschickt mit einer Anfrage von unserm Oberst an
den Oberst des Voluntier-Regimentes, das dort stationirt
war. Es war bekannt, dass dieses Regiment besonders
gut mit Wagen versorgt war, und wir hatten keinen
einzigen; ich sollte nun um einen Ambulanzwagen
bitten; meine Sendung war aber völlig nutzlos.

Als ich durch das Thal passirte, fand ich an der
Eisenbahnstation eine ganz unbeschreibliche Verwirrung. Da kamen noch fortwährend Züge mit
Proviant, Munition, Waffen und andern Dingen an,
die alle ausgeladen wurden, so schnell wie es nur
möglich war; aber es fehlten die nöthigen Transport-
mittel, um diese Vorräthe von dort weiter zu schaffen.
Wagen waren allerdings da, aber keine Pferde um
sie zu ziehen. Die Confusion dort wurde wesentlich
vermehrt durch das Gewühl der Einwohner von

Dorking, die sich flüchten wollten; man hatte ihnen angezeigt, dass die Stadt wahrscheinlich ein Hauptschauplatz des Gefechtes werden würde. Damen und Frauen aller Arten und jedes Alters, und Kinder, von denen einige sich mit grossen Bündeln schleppten, jammerten nach Plätzen in dem Zuge, aber da schien Niemand authorisirt zu sein, diese Menschen fortzuschaffen, und die armen Geschöpfe drängten sich nun im Stationshofe hin und her, unaufhörlich aber ganz vergeblich um Auskunft jammernd und bettelnd, man solle sie doch fortlassen.

In dem Gedränge begegnete mir unser Regimentsarzt, der sich auch vergeblich bemühte, einen Ambulanz-Wagen zu bekommen; auch traf ich dort den alten Wood, Travers' Kutscher. Seine Herrin hatte ihn nach Guilford geschickt, weil sie glaubte, unser Regiment wäre dorthin beordert; er war zu Pferde gewesen und beladen mit einer Masse von Dingen, Proviant, wollnen Decken und natürlich auch einem Briefe. Er hatte meinen Tornister von Surbiton mitgenommen; aber in Guilford war sein Pferd für die Artillerie requirirt worden, und man hatte ihm nur eine Quittung über dasselbe in Händen gelassen. Diese Quittung aber konnte all die schönen Dinge nicht schleppen, so war er genöthigt gewesen, alles, was schwer war, zurückzulassen und unter andern auch meinen Tornister. Aber der alte treue Diener hatte doch mitgenommen, was er nur hatte tragen können, und als er hörte, dass wir hier in Dorking seien, war er zu Fuss von Guilford bis hierher gegangen. Er erzählte, der Ort sei überfüllt mit Truppen und die Anhöhen zwischen den beiden Städten seien voll-

ständig mit Truppen besetzt; auch sagte er, dass einige
Züge mit Verwundeten während der Nacht durch
Guilford durchgekommen seien.

Ich nahm den Mann mit zu unserm Regiment
und half ihm einen Theil seiner Sachen tragen. Den
Proviant hatten wir freilich jetzt weniger nöthig,
aber die Teller und Messer, Gläser und dergl. schienen
uns sehr wünschenswerth, und Travers, könnt ihr euch
wohl denken, war besonders froh über den Brief.
Ein paar Zeitungen, die der Alte mitbrachte, wurden
von allen Umstehenden förmlich verschlungen, denn
wir hatten seit Sonntag, als wir London verliessen,
nichts Authentisches mehr gehört. Selbst jetzt nach
so vielen Jahren, erinnere ich mich noch fast jedes
Wortes, das ich damals las. Es waren zwei Ex-
emplare von derselben Zeitung: das erste war am
Sonntag Abend ausgegeben, als die Nachricht ankam,
dass der Feind an drei Punkten zugleich mit Erfolg
gelandet sei und war im Tone der äussersten Verzweiflung geschrieben. *Das Land sei überrumpelt.
Der Sieger würde sich damit zufrieden geben, uns
den Frieden in unserm eignen Lande zu dictiren.
Es sei offenbar die Pflicht der Regierung, jetzt die
besten Bedingungen anzunehmen, die man nur erlangen
könne, ferneres Blutvergiessen und Unheil abzuwenden
und das gänzliche Zusammenbrechen unseres wankenden
Geschäfts-Credites zu verhüten.* — Die Ausgabe vom
nächsten Morgen aber war schon in ganz anderm
Tone geschrieben. Irgend etwas musste inzwischen
zu unsern Gunsten geschehen sein, denn wir wurden
darin wieder ermuthigt, Stand zu halten. *Unsre
Position auf jenen Höhenzügen würde ganz uneinnehm-*

bar sein, und die Macht, welche wir dort concentrirten, sei der des Feindes an Zahl mehrfach überlegen. Die Invasion beweise sich schon jetzt als über- eilt, und mit unsrer unbesiegbaren Schlachtlinie vor sich und der See hinter sich, bleibe dem Feinde keine Wahl, als gänzlich aufgerieben zu werden oder 'sich zu ergeben. Man solle doch nicht klein- müthig von Unterhandlungen reden, der Kampf müsse ausgefochten werden; und er könne überhaupt nur einen Ausgang haben. England erwarte ruhig und mit voller Zuversicht den Angriff auf die unbesieg- baren Massen seiner Voluntiers. — Der Stil war sehr beredt, aber der Sinn war sehr schwach; vor allem lauteten auch die Nachrichten sehr widersprechend, denn ein paar Absätze weiter meldete dasselbe Blatt: *Die Regierung habe 500 Arbeiter von Woolwich nach Birmingham geschickt, um dort ein Zweig-Etablisse- ment unsres Arsenals zu eröffnen.*

Eine ganze Zeit wurden wir damit in Bewegung gehalten, dass wir fortwährend unsre Stellung ändern mussten, einmal den Abhang höher hinauf, dann weiter zur Rechten, dann wieder tiefer unten zur Linken und so fort, je nachdem die Ordres an der Schlacht- linie entlang ausgegeben wurden; die Stabsofficiere galoppirten ab und zu, und das Gerassel der Artillerie, die von einem Ende des Bergrückens nach dem andern und wieder zurückgeschickt wurde, schien kein Ende nehmen zu wollen.

Endlich aber stand die ganze Schlachtlinie wirk- lich fertig aufgestellt, die Musik-Corps bliesen lustige Stücke und der General, der unser Armee-Corps commandirte, kam mit seinem Stabe herangeritten.

Wir hatten ihn schon ein paar Mal zu sehen bekommen,
als wir vorher so oft unsre Stellung hatten wechseln
müssen; jetzt aber hielt er eine Art formeller Inspection.

Er war eine lange schmächtige Figur und hatte
sehr helles Haar; er sass sehr gut zu Pferde, und
wenn man ihn so aufrecht im Sattel sitzen sah, wie
er stolz unsere Reihen entlang ritt, hätte man ihn für
25 Jahre alt halten können; aber ich glaube, er war
schon mehr als 50 Jahre activ, und war in An-
erkennung seiner langjährigen Verdienste um die
Armee zum Lord erhoben worden, als er schon ein
alter Mann war. Er trug mehr Orden auf seiner
Brust als da eigentlich Platz hatten; einige trug er
wie eine Art Halsband umgehängt. Wie alle andern
Generäle, so trug auch er eine blaue Uniform, mit
einem Dreimaster-Hut und einem famosen Federbusch;
das schien mir ein ganz alberner Firlefanz, denn es
machte ihn sehr auffällig und konnte leicht den feindlichen Kugeln als Zielscheibe dienen.

Er hielt einen Augenblick vor unserm Bataillon
an, und nachdem er eine Weile unsere Reihen entlang gesehen hatte, hielt er eine kurze Ansprache:
*Wir hätten hier einen Ehrenposten nächst Ihrer
Majestät Leibgarde und wir würden uns des Namens
von Engländern würdig erweisen. Man brauche
kein General zu sein, um die Stärke unsrer Position
zu sehen; sie sei ganz uneinnehmbar, wenn sie nur
einigermassen vertheidigt würde. Wir sollten warten,
bis der Feind gut in die Enge getrieben sei, dann
würden wir Befehl erhalten, draufzuschlagen. Ganz
vor allem sollten wir nur fest Stand halten. —*
Dann schüttelte er unserm Oberst die Hand, wir

schrien ein Hurrah nach dem andern und damit ritt er weiter, zur Garde hinunter.

Nun also, dachten wir, wird die Schlacht losgehen. Aber vom Feinde war noch immer nichts zu sehen; und die Luft, obwohl sonnig und schwül, wurde doch so dick und unklar, dass man kaum die Stadt im Thale erkennen konnte. Von den gegenüberliegenden Hügeln waren nur unbestimmte Umrisse zu unterscheiden.

Nach einer Weile liess die Spannung, welche der Ansprache des Generals gefolgt war, nach; und wir schienen schon viel weniger das Gefühl zu haben, als ob alles davon abhinge, dass wir unsere Gewehre festhielten und sicher handhabten. Wir erhielten die Erlaubniss, die Gewehre zusammen zu stellen und in Schaaren von zehn bis zwanzig Mann in's Thal hinunter zu gehen, um in dem Bache zu trinken.

Dieser Bach und alle Hecken um denselben waren von unsern Plänklern besetzt. Die Stadt war wie ausgestorben. Dies konnte dem Feinde grossen Vortheil gewähren, denn wenn er sich erst einmal in der Stadt festgesetzt hatte, so war er dann besser gedeckt als wir.

Als ich unten am Bache war, kam plötzlich eine Colonne Soldaten aus der Stadt heraus, gerade auf uns zu. Wir dachten einen Augenblick, es sei der Feind; man konnte die Farbe der Uniformen vor lauter Staub nicht unterscheiden; aber bald stellte sich heraus, dass es unser Nachtrab war, der sich von den gegenüberliegen Anhöhen zurückzog, wo er die letzte Nacht campirt hatte. Ein Bataillon desselben hielt ein paar Minuten am Flusse an, um die Leute

trinken zu lassen, und ich sprach einen Augenblick
mit den Officieren.

Sie waren bei dem Corps gewesen, das den Feind
bei seiner Landung angegriffen hatte, und sagten,
sie hätten anfangs durchaus die Ueberhand gehabt,
und würden den Feind leicht bewältigt haben, wenn
sie nur irgend welche Unterstützung erhalten hätten,
aber die ganze Sache sei von vorne herein verdorben.
Die Voluntiers seien sehr dreist heranmarschirt, aber
hätten sich sehr bald in Verwirrung aufgelöst; der
Miliz sei es nicht viel besser ergangen; der Angriff
sei vom Feinde mit Leichtigkeit zurückgeschlagen,
und habe uns schwere Verlüste gekostet. Die Verwundeten dieser Truppen waren es gewesen, welche
in der Nacht durch Guildford transportirt waren.
Die Officiere fragten uns sehr angelegentlich nach
der Zusammensetzung unsrer Schlachtlinie hier; als
wir ihnen aber sagten, dass ein paar Bataillons
Garde die einzigen Linientruppen auf dieser Flanke
seien, schüttelten sie bedenklich den Kopf.

Während wir noch mit einander sprachen, trat
ein dritter Officier zu uns heran; es war ein Mann
mit schwarzem Haar, einem glatten Gesicht und
eigenthümlich aufgeregten Manieren. *Sie sind Voluntiers meine Herren, nicht wahr*, sagte er sehr
schnell und sperrte dabei seine Augen weit auf.
*Glauben Sie nur, ich möchte Sie nicht gern ver-
letzen, oder Ihnen auch nur irgend etwas Un-
angenehmes sagen; aber glauben Sie nur, wenn Sie
alle sammt und sonders aufpackten und nach Hause
gingen, so würde das ein verteufelt guter Streich
sein. Ich versichre Sie, wir können diese Sache hier*

ganz allein ausfechten. Wir würden das sogar um
ein Erklecklices besser besorgen ohne Sie. Glauben
Sie nur, wir brauchen Ihre Hülfe wirklich nicht.
Wir möchten hier viel lieber allein sein, kann ich
Ihnen sagen. Wissen Sie, ich möchte um keinen Preis
unhöflich sein oder Ihnen zu nahe treten; aber es ist
so, wie ich sage. — Kaum war er mit dem Gepolter
fertig, so war er auch schon wieder fort, ehe irgend
einer antworten oder ehe die andern Officiere ihn
aufhalten konnten. Sie entschuldigten sich übrigens
wegen seiner Ungeschliffenheit, und erzählten uns,
dass in ihrem Regimente auch ein Bruder von ihm
gestanden habe, der am Sonntag gefallen sei; dieses
Unglück, die Sonnenhitze und die Ueberanstrengung
des Marsches hätten ihm den Kopf verdreht. Sie
sagten uns auch, dass der Vortrab des Feindes ihnen
schon dicht auf den Fersen gewesen sei, dass er aber
noch zurückgeblieben sei, offenbar um auf Verstärkung
zu warten, und dass er vor der Mitte des Tages wohl
seinen Angriff nicht machen werde.

Es wurde sogar fast 3 Uhr Nachmittags, ehe die
Schlacht begann. Unsre Geduld war mittlerweile bis
auf's Aeusserste gespannt worden. Seit zwölf vollen
Stunden hatten wir nun schon jeden Augenblick den
Anfang des Kampfes erwartet, bis es uns zuletzt in
einer Art von Ueberspannung fast vorkam, als ob
diese ganze Invasion nur ein böser Traum sei, und
als ob der bisher unsichtbare Feind wohl garnicht
existire. Was wir bis dahin durchgemacht hatten,
war nicht so sehr verschieden von unsern gewöhnlichen Voluntier-Manövers auf den Brighton-Downs,
nur waren wir hier in grösserer Anzahl versammelt.

Ich entsinne mich noch wohl, dass mir damals solche Gedanken durch den Kopf gingen, als wir dort gruppenweise im Grase umher lagen; einige rauchten, andre kauten an ihrem Brotvorrath; manche schliefen sogar; und sorglos schien alles wie in Träumerei versunken. Da plötzlich wurden wir aus dieser Lethargie aufgerüttelt. — Ein Kanonenschuss war gefallen. Er kam vom Gipfel unsrer Anhöhe zur Rechten über uns und war nicht weit von dem erwähnten Landhause aus abgefeuert.

Es war der erste Schuss aus einer scharf geladenen Kanone, den ich je gehört hatte, und obwohl es 50 Jahre her ist, tönt mir noch das ängstliche Zischen dieses Schusses im Ohre. Dieses Geräusch sollten wir freilich bald nur gar zu sehr gewohnt werden. Alle sprangen unwillkürlich auf sobald sie den Knall hörten, und wir bedurften nicht erst des Befehles, um zu unsern Waffen zu laufen. Mit äusserster Anstrengung schauten wir nach dem Feinde aus.

Dieser erste Kanonenschuss war offenbar unser verabredetes Zeichen zum Beginn der Schlacht gewesen, denn unmittelbar darauf eröffneten alle unsre Batterien an den verschiednen Seiten unsrer Schlachtlinie ein heftiges Feuer. Wohin sie schossen, konnte ich nicht sehen, und ich bezweifle, dass die Kanoniere selbst viel mehr sehen konnten. Ich erwähnte schon, wie dick und unklar die Luft während des Morgens geworden war; jetzt legte sich gar der Pulverdampf wie eine Wolkenschicht über unsre Anhöhen. Wir konnten kaum unsre Reihen entlang sehen und

kounten eben nur noch die Umrisse von ein paar
Kanonieren einer Batterie unterscheiden, die unmittelbar neben uns am Abhange aufgestellt war.

Diese Kanonade dauerte, glaube ich, ein paar
Stunden, und immer noch antwortete der Feind nicht.
Wir sahen die Batterie in unsrer Nähe — es
war eine Truppe reitender Artillerie — drauf los
arbeiten, dass es eine Art hatte; der Officier, der das
Commando führte, ritt langsam hinter seinen Leuten
auf und ab, und stierte mit seinem Fernglas in den
Dunst und Dampf hinein. Ein- oder zweimal hörten
sie auf zu schiessen, um den Pulverdampf sich vertheilen zu lassen, aber das half nicht viel, da durchaus kein Wind war.

Ob eine Schlacht wohl so aussieht, wie dies hier,
sagte Dik Wake, der mein Nebenmann war. *Mir
kommt dies — wenig gesagt — zahm vor.* Aber
er hatte das kaum ausgesprochen, so hörten wir
schon ein Peloton-Feuer vor uns. Unsre Plänkler
waren angegriffen worden, und sehr bald pfiffen auch
schon die Kugeln über unsern Köpfen weg und einige
schlugen dicht vor unsern Füssen ein.

Bis dahin hatten wir in Colonnen gestanden; nun
aber wurden wir in Reihen commandirt und weitläufig
über die ganze Strecke unseres Terrains vertheilt. Von
dem Thaleinschnitte zu unsrer Linken führte ein
Landweg zu uns herauf und vor uns entlang in fast
genau westlicher Richtung. An der einen Seite dieses
Weges war ein Redder aufgeworfen, ungefähr vier Fuss
hoch, und hinter diesen hatte sich der grössere Theil
unsres Regimentes placirt; aber etwas weiter den Abhang aufwärts bog der Weg ab, und dadurch wurde

der rechte Flügel unsres Regimentes gezwungen, sich
über den offnen Rasen des Parkes zu vertheilen.
Meine Compagnie gehörte zu diesem rechten Flügel,
der den Schutz des Redder-Walles entbehrte. Unmittelbar zu unsrer Rechten stand die Batterie, die
ich schon erwähnte; dann kam ein Bataillon Linien-
Truppen, dann wieder eine Batterie, dann eine Menge
Miliz und Voluntiers und zuletzt noch wieder einiges
Linien-Militair, welches bis an das erwähnte Landhaus
reichte. So wenigstens war die Aufstellung, ehe das
Schiessen anfing; was für Veränderungen seitdem vorgenommen sein mochten, weiss ich nicht.

Mit grossem Ungestüm eröffnete nun auch die
feindliche Artillerie ihr Feuer. Wo sie ihre Batterien
aufgefahren hatten, konnten wir nicht sehen, aber wir
hörten deutlich das Sausen der Kugeln über unsern
Köpfen und das Krachen, wenn sie hinter uns zer-
sprangen. Was dann geschah, kann ich euch kaum
recht beschreiben. — Manchmal wenn ich es versuche,
mir diese Episode zu vergegenwärtigen, ist es mir
als ob sie nur ein paar Minuten gedauert hätte; und
doch kam es mir damals vor als ob die Stunden gar
nicht enden wollten.

Wie im Banne eines bösen Traumes starrte ich
beständig nach unsern Kanonieren hin, wie sie
mechanisch ihre Arbeit fertsetzten. Unaufhörlich
feuerten sie auf den unsichtbaren Feind; nur wenn
ab und an mit einem dumpfen Schlage dort eine
Kugel einschlug. trugen drei oder vier Cameraden
die Verwundeten fort, aber wenige Augenblicke darauf
waren sie schon wieder kaltblütig an ihrem Platze.
Der Hauptmann ritt nicht mehr auf und ab; was aus

ihm geworden ist, weiss ich nicht. Endlich hörten
zwei von den Kanonen auf zu feuern, sie waren
wahrscheinlich dienstuntüchtig geworden. Ein General der Artillerie kam herangeritten. Es ist als
ob ich ihn noch heute vor mir sehe: ein sehr schöner
Mann mit regelmässigen Zügen und schwarzem
Schnurrbart; seine Brust war ganz mit Orden übersäet. Er schien in einer ungeheuren Aufregung darüber, dass die beiden Kanonen schwiegen;

Wer commandirt diese Batterie? — rief er.

Zu Befehl, Excellenz, antwortete ein Officier,
der jetzt herzuritt, und den ich vorher nicht bemerkt
hatte.

Wie ein Bild hob sich diese Scene scharf vom
Hintergrund des Pulverdampfes ab: der General auf-
recht auf seinem prachtvollen Renner, mit dem rechten
Arm zeigt er auf den Feind, um dem jungen Officier
etwas nachdrücklich zu erklären; dieser lenkt sein
Pferd dicht zu ihm heran und salutirt mit der rechten
Hand. Das war ein Moment, dann folgte ein dumpfer
Schlag, und beide Reiter und Pferde lagen zu Boden
geschmettert. Eine Vollkugel hatte gleichzeitig alle
vier in der Sattelhöhe getroffen. Ein paar Kanoniere
liefen herbei um zu helfen, aber keiner der beiden
Officiere konnte kaum noch einige Minuten leben.

Dies waren nicht die einzigen, welche ich in
meiner Nähe fallen sah. Fast unmittelbar darauf
hörte ich etwas neben mir wie den Metallklang von
Eisen, das auf Eisen schlägt, und im nächsten Augenblicke sah ich Dick Wake vorüberstürzen mit dem
Gesicht auf die Erde; ein Schuss hatte ihm den
rechten Schenkel abgerissen; die Kugel hatte dabei

auf sein Bajonett geschlagen und das mochte wohl
den Ton verursacht haben. Drei von uns trugen den
armen Burschen fort mit grosser Mühe und Vorsicht
wegen seines zerschmetterten Beines; aber er war
schon halbtodt als wir bei dem Doctor anlangten. Dieser
hatte sich in einer geschützten Vertiefung ungefähr
200 Meter weiter hinten placirt; auch waren dort noch
zwei andere Doctoren in Civil, die freiwillig herzu-
gekommen waren, um zu helfen. Der alte Wood
machte sich dort sehr nützlich. Wir lieferten ihnen unsern
Mann ab, und kehrten wieder zur Front zurück. Der
arme Wake hatte noch volles Bewusstsein, als wir
ihn verliessen, aber er war zu sehr erschüttert von
dem Schlage, um sprechen zu können. Ich hatte noch
mehrere solche Touren nach dem Orte zu machen,
ehe dieser Tag zu Ende war.

Eine ganze Zeit lagen wir so und mussten auf
uns schiessen lassen, ohne einen Schuss erwidern zu
können; unsre Plänkler hielten noch ihre Position an
den Dämmen und Büschen unten im Thal. Jetzt
endlich commandirte unser Brigade-General unsern
rechten Flügel auch hinter den Redder, hinter welchem
die übrigen Leute unsres Regimentes postirt waren;
wir lagen dort nun vier Reihen hinter einander. Ueber
unsern Köpfen krachten die Bomben und pfiffen die
Kugeln; aber kaum ein einziger von uns wurde dort
verwundet. Unser Oberst allein war stark exponirt,
denn er ritt auf dem Wege vor uns auf und ab so
ruhig, wie wenn er von Stein gewesen wäre; den
Major und seinen Adjutanten liess er absitzen und
hinter dem Erdwalle Schutz suchen. Es that uns
allen wohl, den Mann so gefasst zu sehen.

Die Zeit schien endlos, als wir so unthätig wartend dort versteckt lagen. Wir konnten es natürlich nicht lassen, ab und an über den Wall hinwegzugucken, um zu sehen, was unten vorging; aber man konnte nichts gewahr werden.

Es hatten sich inzwischen, ohne dass wir es bemerkten, schwere Gewitterwolken über uns zusammengezogen, und jetzt brach dieses Gewitter mit furchtbarer Gewalt los: ein jagender Wind, dann einzelne schwere Tropfen und endlich ein strömender Regen, der uns die Aussicht fast noch mehr verdeckte als vorher der Pulverdampf; das Aufflammen der Blitze und das Krachen des Donners mischten sich dominirend mit dem unausgesetzten Feuer der Artillerie.

Endlich hob sich der Regendunst einen Augenblick und wir konnten zu unsrer Linken sehen, wie schon der Feind am Box-Hill hinaufstürmte. Der steile glatte Abhang war übersäet mit den dunklen Uniformen. Die Front war eine unregelmässige Linie, aber die hinteren Reihen waren schnurgrade, compacte Massen. Der ganze Truppenkörper rückte in Absätzen vor; erst avancirte er eine Strecke, dann wurde gefeuert, dann weiter vorgerückt, dann gefeuert und so fort. Man sah die commandirenden Officiere ihre Säbel schwingen; eine Colonne nach der andern rückte heran und so setzten sie allmählig ihren Weg fort. Unsre Leute waren fast ganz versteckt hinter den Büschen auf der Höhe, von wo wir sie unaufhörlich feuern sahen. Plötzlich aber erschien vor diesen Büschen eine rothe Linie von unsern Gardetruppen und stürzte sich den Abhang hinunter auf den Feind. Dieser stutzte einen Augenblick, dann gab er nach;

offenbar wurde eine grosse Anzahl niedergemacht, und der Rest wich in ziemlicher Unordnung thalabwärts zurück. Dann zog sich der Wolkendunst nach jener Seite hin wieder dicker zusammen, so dass ich nicht mehr deutlich erkennen konnte, was dort vorging. Die Scene aber, die wir dort gesehen hatten, begeisterte uns alle, und wir hofften, dass wir dieselbe Bravour zeigen würden, wenn die Reihe an uns kommen sollte.

Mittlerweile waren unsre Plänkler zurückgeworfen worden und schienen bös zugerichtet; die meisten, welche ich sah, waren verwundet; einige hinkten allein, andre fanden noch Cameraden, die sie stützen konnten. Ihr Rückzug aber geschah doch in einiger Ordnung, und wir sahen einen Garde-Officier vor ihrer Front auf und ab reiten, der sie noch zu encouragiren suchte. Als sie vorbei waren, kamen endlich wir daran.

Einen Augenblick sahen wir vor uns nichts als grauen Wasserdunst, dann aber kamen uns knatternde Salven aus demselben entgegen; die Kugeln flogen jedoch meist über unsern Köpfen weg. Wir erwiderten das Feuer, aber dann kam unser Major zu uns herangeritten, und gab uns den Befehl, unsre Munition zu sparen. Wenige Minuten darauf wurden wir commandirt aufzustehen und dann konnten wir schon die Pickelhauben und endlich auch die Uniformen der feindlichen Linien erkennen. Der Feind schien sehr stark zu sein; sie maschirten wohl an fünf oder sechs Mann tief aber nicht mehr in geschlossenen Reihen, jeder von ihnen feuerte einzeln, wie wir es vorhin gesehen hatten, lief dann ein Stück vorwärts, feuerte

5

wieder, und so rückte nach und nach die ganze Masse
heran.

Unser Brigade-General kam jetzt den Landweg
entlang geritten *Nun drauf, meine Herren, zeigen
Sie was Sie können,* rief er uns zu, und wir schossen
denn auch drauf los, was wir nur konnten. Ein
wahrer Hagel von Kugeln aber zog auch über uns
her und ich dachte, jeder Augenblick müsse mein
letzter sein; aber in dem Momente sah ich Niemanden fallen, denn ich war zu sehr in Anspruch
genommen, um rechts oder links zu sehen; ich schoss
und lud und schoss nur ganz mechanisch weiter.
Wie lange dies dauerte, weiss ich nicht, — sehr lange
kann es kaum gewesen sein, denn unter solchem
Feuer hätte keine der beiden Seiten viele Minuten
ausdauern können. Das Ende aber war, dass der
Feind langsam zurückwich, und sobald wir das bemerkten, erhoben wir ein ungeheures Geschrei; einige
von uns sprangen auch auf den Erdwall und sandten
ihnen noch einige Schüsse zum Abschied nach. Dann
wurde plötzlich die Order ausgegeben das Feuern
einzustellen; und wir wurden bald den Grund davon
gewahr.

Ein Batallion der Garde marschirte von unsrer
linken Seite aus quer vor unsrer Front vorbei, um
dem Feinde in die Flanken zu fallen. Ich vermuthe,
dass es mehr dieser Seitenangriff als unser Schiessen
gewesen war, was den Feind zurückgeworfen hatte.
Es war ein prachtvoller Anblick, diese geraden Linien
unsrer Garde so stetig und regelrecht auf den Rasen
vor uns abwärts marschiren zu sehen; sie schossen
während sie vorrückten aber das Manöver wurde so

exact ausgeführt, wie wenn es eine Parade gewesen wäre. Wir fühlten uns in diesem Momente so gehoben, als ob die Schlacht schon gewonnen wäre.

In dem Augenblicke rief Jemand aus, wir sollten uns der Verwundeten annehmen; da erst warf ich einen Blick unsre Reihen entlang, und sah die starken Verlüste, die wir erlitten hatten. Unmittelbar vor mir lag Bob Lawford, der auf demselben Büreau mit mir gearbeitet hatte. Eine Kugel hatte seine Stirn durchbohrt; im Todeskampfe hatte er noch krampfhaft sein Gewehr wie zum Schusse erfast. Ueberall sah ich Freunde und Bekannte tod oder verwundet. Ein paar Schritte abwärts fand ich Travers mit dem Rücken gegen den Erdwall sitzend. Eine Kugel war ihm durch die Lunge gegangen und das Blut strömte ihm aus dem Munde. Ich suchte ihn aufzuheben aber der fürchterliche Schrei, den er dabei ausstiess, liess mich ihn wieder hinsetzen. Ich sah dann, dass dies nicht seine einzige Wunde war; sein Schenkel war zerschmettert (die Kugel musste ihn getroffen haben als er auf den Erdwall gesprungen war) und das Blut aus seinen Wunden mischte sich mit den Pfützen von Regenwasser um ihn her. Aber er konnte unmöglich dort so liegen bleiben; ich hob ihn also auf, so vorsichtig wie ich konnte, und schleppte ihn langsam nach dem Feldhospital im Hintergrunde. Diese Bewegung muss ihm furchtbare Schmerzen gemacht haben, denn ich konnte den zerschossenen Schenkel nicht stützen, und er konnte sein Stöhnen nicht unterdrücken, ein so tapferer Soldat er auch immer war. Ich kann jetzt kaum begreifen, wie es möglich war, dass ich ihn überhaupt tragen konnte,

denn er war viel grösser und schwerer als ich selbst.
Ich war allerdings auch noch nicht sehr weit mit
ihm gelangt, als mir schon der alte Wood und ein
Mann vom Musikcorps mit einer Wegpforte als Bahre
entgegen kamen; auf diese legten wir ihn. Wood
hatte gerade noch Zeit mir zu sagen, dass er unten
in dem Thaleinschnitte einen Wagen stehen habe,
und versuchen wolle seinen Herrn sofort nach Kingston zu schaffen, als ich einen Stabs-Officier rufen
hörte:

*Sie müssen nicht so durcheinander laufen, meine
Herren, bitte bleiben Sie doch in Reih und Glied.*

Aber wir können doch uusere Verwundeten nicht so elend sterben und von den
Hallunken niedertreten lassen?! rief ihm
einer zu.

*Schlagen Sie erst den Feind mein Herr. — —
Bitte, bitte, meine Herren, ich bitte sehr halten Sie
sich zu Ihrem Regimente, wir sehen hier ja aus wie
zusammengelaufenes Gesindel.* — Und in der That
sagte er das nicht ohne Grund, denn ausser unsern
eignen Leuten waren auch noch eine Menge Voluntiers
von andern Regimentern uuseren Verwundeten zu
Hülfe geeilt, so dass der ganze Platz mit einzelnen
Gruppen von Menschen übersäet war. Indem ich dann
nach meinem Platze lief, bemerkte ich noch wie hinter
uns neue Massen von Truppen zusammengezogen
worden waren, und eine Colonne marschirte zu unsrer
linken in den Thaleinschnitt hinunter, wo vorher die
Garde gestanden hatte.

Hatte nun während dieser Zeit das Gewehrfeuer
nachgelassen, so war dagegen das Feuer der Artillerie

nur stärker geworden. Die Bomben sausten über
unsern Köpfen und platzten überall um uns her; ich
kann nicht leugnen, dass ich froh war wenigstens den
Schutz des Erdwalles wieder erreicht zu haben. Ueber
denselben hinweg sah ich erst jetzt das furchtbare
Unheil, welches unser Feuer vorher angerichtet hatte.
Das Feld vor uns war fast ganz bedeckt mit Todten
und Schwer-Verwundeten.

Eben über dieses Leichenfeld hinaus konnten wir
noch in der Abenddämmerung die Bärenmützen und
Rothröcke unserer braven Garde bemerken; sie waren
unten am Abhange vertheilt und rückten dort noch
langsam vor. Aber kaum eine Minute konnte ver-
gangen sein, als unser Major zu Fuss den Landweg
entlang kam (ich vermuthe dass sein Pferd gefallen
war) und rief:

*Zu den Waffen, meine Herren; sie rücken schon
wieder an;* und zum zweiten Mal sahen wir uns in
einen Kampf verwickelt; es war wieder dasselbe Gewehrfeuer wie vorher. Wie lange das dauerte, weiss
ich nicht zu sagen, aber ich erinnere mich noch deutlich der compacten feindlichen Linie ungefähr sechszig
Schritt vor uns mit ihren Officieren zu Pferde. Wir
schienen sie vollständig in Schach zu halten; sie
waren unserm Feuer ungeschützt ausgesetzt, während
wir fast bis an die Schultern gedeckt waren; aber ich
fühlte dabei doch, das nicht Alles in Ordnung war.
Plötzlich rief einer: *Wir werden von der Seite angegriffen!* — Ich blickte nach links; und sah im Dämmer-
lichte dunkle Gestalten über den Erdwall auf den Weg
springen und unsere Front entlang feuern. Die Reserven des Voluntiers, welche die Stelle der Garde im

Thaleinschnitte eingenommen hatten,mussten vor dem
Feinde gewichen sein; die feindlichen Plänker hatten
uns offenbar von links umgangen.

Wie es dann kam, dass wir unsre Stellung ver-
änderten, ob auf Commando oder vermöge natür-
lichen Iustincts, weiss ich nicht; aber es dauerte
nicht lange, so hatten wir alle den Landweg verlassen
und formirten nothdürftig eine Front ungefähr
40 Schritte weiter zurück. Die Feinde besetzten
jetzt den Erdwall von der andern Seite, und eine
Anzahl von ihnen stürmte schon über denselben hinaus auf uns zu. Unser linker Flügel löste sich in
Unordnung auf; die einzelnen Leute feuerten noch,
indem sie sich zurückzogen, aber ganz unaufhaltsam
rückte die geschlossue Front des Feindes dort vor.
Einen Augenblick standen wir auf unserm Flügel
noch und schossen auf's Gerathewohl in den Feind
hinein, so schnell wir nur konnten. Unser Oberst und
unser Major waren wohl gefallen; es war wenigstens
Niemand da, der uns commandirte. Dann rief Jemand
zu Pferde hinter uns (ich glaube, es war unser
Brigade-General): *Nun drauf Voluntiers! Haut mit
Hurrah auf den Feind ein! — Vorwärts!* — und
mit wildem Geschrei stürzten wir uns auf die Feinde.
Einige von ihnen liefen davon, die meisten aber
hielten unserm Angriff stand, und nun gab's ein
Handgemenge, Mann gegen Mann. Ich fühlte einen
scharfen Stich im Bein gerade in dem Augenblicke,
als ich einem Mann, der mir gegenüber stand, mein
Bajonett durch den Leib stiess. Ich sah den armen
Kerl rückwärts taumeln, seine Augen schienen ihm
aus dem Kopfe herauszutreten, und waren wir auch

den Augenblick wie zu wilden Thieren geworden, so
ging mir dieser Anblick doch durch und durch. Aber
der Kampf war im Nu vorüber; wir hatten den Platz
bis an den Erdwall wiedergewonnen, und wäre nur
jemand dagewesen, der uns hätte anführen können,
wir wären auch weiter vorgerückt; aber wir waren
bald wieder vollständig in Unordnung gerathen.

Die Feinde hatten den Erdwall sehr bald wieder
besetzt, und Massen von ihnen stürmen an unsrer
linken Seite vorbei. Wie es zuging, weiss ich nicht
recht, aber wir waren nach und nach rechts die Anhöhe aufwärts zurückgewichen, von einer Front konnte
garnicht mehr die Rede sein und unser linker Flügel,
der schon früher nachgegeben hatte, flüchtete sich zu
uns herüber, was die Unordnung bei uns nur noch
vermehrte.

Es war jetzt fast vollständig dunkel geworden.
— Auf der Höhe des Abhanges an der Seite, nach
der hin wir uns zurückzogen, war eine starke Reserve
in Colonnen aufgestellt. Einige in der vordersten
Reihe derselben hielten uns für Feinde und feuerten
auf uns. Unsre Leute riefen ihnen zu, einzuhalten
und liefen auf sie zu. In wenigen Minuten aber war
trotzdem der ganze Bergabhang eine Scene unbeschreib-
licher Verwirrung; die Regimente und Detachements
lösten sich in ganz hoffnungslose Unordnung auf.
Die meisten von uns, glaube ich, wandten sich noch
gegen den Feind. um ihre letzten Patronen zu ver-
schiessen; es war jedoch zu dunkel, um zu zielen —
glücklicher Weise für uns, sonst würden die Kanonen,
welche der Feind durch den Thaleinschnitt herauf-
gebracht hatte, mehr Schaden unter uns angerichtet

haben; so aber bemerkten wir kaum mehr davon als das Aufblitzen der Schüsse.

Durch unsre Verwirrung hatten wir einem Linien-Regimente unmittelbar hinter uns den Weg versperrt. Ich glaube, diese Truppen waren eben auf dem Schlachtfelde angelangt, und ihr Oberst und einige Stabsofficiere bemühten sich vergeblich, sich einen Weg durch uns hindurch zu bahnen; trotz des Kanonendonners und des wirren Durcheinander-schreiens, konnte ich doch ab und an ihr Rufen zu uns herüberschallen hören; sie commandirten uns, zur Rechten zurückzuweichen. Zuletzt gelang es einem berittnen Officier, sich durchzudrängen, und ihm folgte nach und nach eine Compagnie in Sectionen. Die Leute streiften an uns her mit ernsten und entschlossenen Gesichtern; sie waren sich der desparaten Aufgabe, die sie vorhatten, offenbar bewusst. Als das Bataillon sich durch uns hindurch gearbeitet hatte, schien es sich in Reihen zu formiren und den Abhang hinunter zu marschiren.

Lebhaft steht mir noch der letzte Angriff vor Augen, den zuletzt auch noch die Leibgarde machte. Sie ritt bei uns vorüber und warf sich auf die Stadt. Es war der letzte verzweifelte, aber vergebliche Versuch, die Schlacht zu retten, ehe wir das Feld räumten.

Endlich stiess der Adjutant unsres Regimentes, der in der Verwirrung von uns getrennt worden war, wieder zu uns, und führte uns, oder vielmehr diejenigen von uns, welche noch beisammen waren, auf die Spitze der Anhöhe.

Dort trafen wir eine wüste Menge von Voluntiers, Miliz und Train, alle in offenbarer Flucht begriffen. Wir wurden an dem Landhause vorbei von dem Menschenstrome wohl über eine Meile weit mit fortgerissen, ehe wir im Stande waren, anzuhalten. Zuletzt führte uns der Adjutant auf einen freien Platz etwas abseits von dem Zuge der Fliehenden; dort erst stellten wir wieder einige Ordnung unter den Resten unsrer Compagnien her. Dann hiess er uns warten und ritt davon, um Orders einzuholen, und den Rest unsrer Brigade aufzufinden.

Der Platz, auf dem wir uns befanden, war ein hochliegender Vorsprung der Berghöhe, und wir konnten von dem Punkte aus im Zwielicht der Sommernacht auf das Schlachtfeld hinuntersehen. Das Artillerie-Feuer war noch unausgesetzt im Gange. Wir konnten die Blitze der Kanonenschläge auf beiden Seiten sehen; ab und an kamen auch vereinzelte Bomben zu uns herauf geschwirrt und platzten nicht weit von uns; Gewehrfeuer aber konnten wir nicht mehr hören.

Dieser Halt hier liess uns zum ersten Male überdenken, was geschehen war. Obwohl wir damals noch nicht im ganzen Umfange begriffen, wie vollständig der Tag gegen uns entschieden war, so sagte uns doch unser Gefühl ungefähr, wie die Sachen lagen, und eine bittere Selbstanklage mag wohl in den Gemüthern der meisten von uns aufgestiegen sein; vor allem aber wurde uns jetzt erst klar, was für ein Verlust diese Schlacht für das Land war. Wir dachten an unsre armen verwundeten Cameraden, von

denen wir keine Ahnung hatten, was aus ihnen geworden sein mochte, und zuletzt machte sich auch
bei uns selbst die Reaction nach der Ueberanstrengung
und Aufregung geltend. — Was mich selbst anbetraf,
so bemerkte ich jetzt erst, dass ich ausser der
Bajonettwunde am Beine auch noch eine Schusswunde
am linken Arm hatte; eine Kugel hatte denselben
dicht unterhalb der Schulter getroffen, aber ohne den
Knochen zu verletzen. Ich entsann mich, etwas wie
einen Schlag dort gefühlt zu haben, gerade als wir
den Landweg verliessen; jetzt hatte die Wunde inzwischen schon zu bluten aufgehört und mein Hemd
war an derselben festgeklebt.

Diese halbe Stunde kam mir wie ein Menschen-
alter vor, und während wir dort standen, erzählte
uns der ununterbrochene Zug von Menschen und das
Rasseln der Wagen, welche auf der Strasse den Bergrücken entlang flüchteten, auch ihre eigne Geschichte.
Die ganze Armee war offenbar zurückgeworfen und
der Feind durch den Thaleinschnitt vorgerückt.

Endlich konnten wir auch den Adjutanten unter
der Menge erkennen, wie er aus dem Dunkel heraus
zu uns her ritt. Die Armee solle sich zurückziehen, und auf den Epsom-Downs Stellung
nehmen, sagte er; wir sollten uns dem allgemeinen Zuge anschliessen, und am andern
Morgen versuchen, unsre Brigade wieder-
zufinden. So mischten wir uns denn wieder unter
das Gewühl, und suchten so gut wir konnten, vorwärts zu kommen.

Der Adjudant theilte uns in einigen abgerissenen
Sätzen den Stand der Dinge mit, als er neben unsrer
vordersten Section herritt.

Wir hatten unsre Position eine Zeitlang gut
gehalten, aber der Feind hatte zuletzt unsre Schlachtlinie zwischen uns und Guildford sowie auch in dem
Thaleinschnitte neben uns durchbrochen, und hatte
dann seine Leute durch die einmal gewonnenen Lücken
vorwärts getrieben; dadurch war unsre Linie in Verwirrung gerathen, und auch das Armee-Corps in
Guildford war dadurch genöthigt worden, sich zurück-
zuziehen, um nicht umgangen zu werden. Unsre
Linien-Truppen bildeten gegenwärtig den Nachtrab,
und wir sollten so schnell als möglich voraneilen, um
ihnen Platz zu machen, damit sie am nächsten Morgen
einen geordneten Rückzug antreten könnten. Der
alte Lord, welcher unser Armee-Corps commandirt
hatte, war schon am Anfange der Schlacht schwer
verwundet vom Felde weggetragen worden. Die
Garde hatte furchtbare Verluste gehabt. Unsre Garde-
Cavallerie hatte die feindlichen Kürassiere nieder-
geritten, aber war selbst zuletzt entsetzlich zusammen-
gehauen worden.

Das waren ungefähr die trostlosen Nachrichten,
welche jetzt durch unsre Reihen liefen. Was aus
unsern Verwundeten geworden war, wusste Niemand,
und kaum mochte man danach fragen. — So schleppten
wir uns müde und elend weiter.

Es muss wenigstens Mitternacht gewesen sein,
als wir endlich Leatherhead erreichten. Hier verliessen wir die Felder und hielten uns an die Landstrasse; damit aber wurde auch das Vorwärtskommen
immer schwieriger. Die Passage war alle Augenblicke
durch die grossen Menschenmassen versperrt; aber
mühsam drängten wir uns doch voran. Einige Züge

fuhren langsam vor uns her auf der Bahn, die dort der Landstrasse folgt; vermuthlich war es der Transport der Verwundeten oder doch wenigstens einiger derselben, deren man sich hatte annehmen können.

Der Tag war schon angebrochen als wir uns endlich Epsom näherten. Nach dem Gewitter war die Nacht klar und schön geworden, aber der kalte Nachtwind hatte mich in meinem vollständig durchnässten Zeuge durch und durchgeweht. Mein verwundetes Bein war ganz steif, und machte mir heftige Schmerzen. Ich war überdies vor Hunger und Erschöpfung im Begriff zusammenzubrechen, und meine Cameraden waren in nicht viel besserer Lage. Wir hatten seit dem Frühstück am Tage vorher nichts gegessen, und das Brot, welches wir uns aufbewahrt hatten, war von dem Gewitterregen fortgewaschen; ich fand nur noch etwas aufgeweichtes Mus in meiner Tasche. Mein Tabak war ebenfalls durchnässt und nicht zu rauchen. In diesem trostlosen Zustande schleppten wir uns langsam vorwärts, bis der Adjutant uns endlich abseits auf ein Feld führte. Erschöpft warfen wir uns dort in's Gras.

Hier wurde zunächst Appell gehalten, und nur 180 fanden sich noch vor von den 500, die wir am Morgen vor der Schlacht gewesen waren. Wie viele von den Fehlenden verwundet, wie viele getödtet waren, darüber konnten wir kaum Vermuthungen aufstellen; aber wir hofften, dass eine grosse Anzahl davon nur in der Verwirrung des Abends von uns getrennt worden sein würde.

Während wir noch da lagerten, sahen wir in
dem Gedränge von Fuhrwerk und Menschen einen
Wagen vorbeipassiren, der uns wie ein Proviant-
Wagen vorkam, und von einem Mann in Uniform
gefahren wurde. *B r o t,* rief irgend Jemand, und
instinctiv sprangen wohl ein Dutzend von uns auf
und nahmen den Wagen in Beschlag. Der Kutscher
versuchte uns mit der Peitsche abzuwehren; aber bald
wurde er von seinem Sitz heruntergeworfen und
der Inhalt des Wagens fortgeschleppt. Es waren
Preserves in Blechdosen. Ohne weitere Umstände
stachen wir dieselben mit unsern Bajonetten auf; ich
vermuthe, dass das Fleisch vorher einmal gekocht
worden war; jedenfalls schlangen wir es nur so hinunter.

Bald darauf kam ein General mit einigen Stabs-
Officieren herangeritten. Er hielt still und sprach mit
unserm Adjutanten; dann ritt er zu uns heran auf das
Feld und sagte: *Ihr seid brave Jungen; ich will
euch einstweilen in meine Division aufnehmen;
schliesst euch dem Regimente, das dort passirt, an,
sobald es vorbeimarschirt ist.* — Wir standen dann
auf, und schlossen uns dem Zuge compagnieweise
an, oder vielmehr in Abtheilungen von ca. 20 Mann
stark; von da an gingen wir mit dem Strom, der sich
auf der Landstrasse fortwälzte: — Regimenter, Detachements, einzelne Voluntiers oder Milizsoldaten,
auch viele Landleute, die sich flüchteten, einige
fuhren auf Leiterwagen, andre schleppten sich mit
grosen Bündeln, die meisten liefen ohne alles zu
Fuss daher; dazwischen sah man Wagen mit Vorräthen;
und auf denselben sassen und hingen Leute, wo nur

irgend einer Platz finden konnte; andre Wagen waren
übervoll mit Verwundeten beladen. Ab und an ent-
stand eine Stockung in dem Menschenzuge, wenn ein
Pferd stürzte oder ein Wagen niederbrach und den
Weg sperrte.

In Epsom selbst war die Verwirrung am schlimmsten; alle Häuser schienen voller Voluntiers und Miliz-
soldaten, die verwundet oder doch todtmüde und aus-
gehungert waren und die Strassen waren dicht gedrängt
voller Menschen. Einige Officiere versuchten vergeblich Ordnung zu schaffen; es war ein hoffnungsloses
Bemühen. Einige Voluntier-Regimenter, die während
der letzten Nacht vom Norden angekommen waren,
und hier Halt gemacht hatten, um weitere Befehle
abzuwarten, standen längs der Landstrasse in schönster Ordnung, und einige der auf dem Rückzuge be-
griffnen Regimenter, so wie das unsre, mögen wohl
den äusseren Anschein von Disciplin aufrecht erhalten
haben, die grosse Menge Volks aber, die dort vorwärts drängte, war nur Pöbel. Unser Linien-
Militär, oder doch alles, was noch von demselben
kampffähig war, hatte sich, glaube ich, hinter uns gesammelt, um den Feind aufzuhalten.

Das allgemeine Gewühl wurde noch vermehrt,
als man anfing, aus einigen Häusern die Verwundeten
fortzuschaffen, damit sie nicht dem Feinde in die
Hände fallen sollten; einige wurden auf Leiterwagen
transportirt, andre wurden nach der Station getragen,
um mit der Bahn befördert zu werden. Das Stöhnen
und Wimmern dieser Unglücklichen anzuhören, wie
sie durch die Strassen gerüttelt wurden, schnitt uns

in's Herz, so gleichgültig uns eigne Noth und Erschöpfung auch sonst gemacht hatte.

Endlich wurde ein Entschluss gefasst und auf
Anordnung eines Stabs-Officiers bogen wir von der
Londoner Hauptlandstrasse ab und marschirten auf der
Strasse nach Kingston weiter. Hier war das Ge-
wühl etwas geringer, und wir konnten schneller
vorwärts kommen. Die Luft war nach dem gestrigen
Gewitter noch sehr kühl, und es war kein Staub.
Wir passirten durch ein Dorf, wo unser neuer Brigade-
General alle Wirthschaften hatte in Beschlag nehmen
lassen, und sich in Besitz aller dort vorhandenen
Spirituosen gesetzt hatte. Jedes Regiment musste,
sobald es herankam, Halt machen, und jeder Soldat
erhielt sein Glas Bier, das in Füssern compagnieweise vertheilt wurde. Ich hoffe, dass die Eigen-
thümer gut dafür bezahlt worden sind; aber es war
für uns der wahre Göttertrank.

Es wird ungefähr 1 Uhr Nachmittags gewesen
sein, als wir Kingston in Sicht bekamen. Wir
waren nun sechszehn Stunden auf den Beinen gewesen und hatten zwölf Meilen zurückgelegt. —
Etwas südlich von der Surbiton Station ist eine kleine
Anhöhe, die damals zum grossen Theil mit Villen
bedeckt war, ausgenommen am westlichen Ende, das
von einem Haufen Bäume bedeckt war. Dahin hatten
wir uns von der Landstrasse ab gewendet und hier
liess unser General halten. Er stellte dann die ganze
Division in einer Linie gegen Süd-Westen gewendet
auf; der rechte Flügel reichte bis an die Wasser-
leitungs-Werke an der Themse und der linke Flügel
dehnte sich den südlichen Abhang der Anhöhe hin-

unter bis an die Strasse von Epsom aus, auf der wir hergekommen waren.

Unser Regiment war ungefähr in der Mitte placirt, gerade dem General selbst gegenüber; dieser war abgestiegen, und hatte dort sein Pferd an einen Baum gebunden.

Die Anhöhe ist nicht sehr hoch, aber gewährt doch eine ziemlich weite Aussicht über die flache umliegende Gegend. Wie wir so dort im Grase lagen, konnten wir die Themse wie ein silbernes Band im hellen Sonnenscheine durch die Bäume glitzern sehen, an der andern Seite den alt-ehrwürdigen Palast von Hampton-Court, davor die Brücke bei Kingston. Der alte Kirchthurm des Städtchens erhob sich über den Dunstkreis, der auf den Häusern lagerte, und trat scharf hervor gegen den dunklen Ton des hinterliegenden Parks von Richmond.

In den meisten von uns rief dieser Augenblick wohl die Erinnerungen glücklicher Tage des Friedens, den wir genossen hatten, wach — Tage, die nun für immer dahin waren. Wir sprachen allerdings nicht mit einander davon; eine gänzliche Niedergeschlagenheit hatte sich aller bemächtigt. Diese war ohne Zweifel theilweise durch Ueberanstrengung und Mangel an Nahrung verursacht; ganz besonders aber auch dadurch, dass wir sahen, dass eine neue Schlacht versucht werden sollte. Für den Augenblick hatten wir alles Selbstvertrauen verloren. Hatten wir uns nicht in jener starken Position bei Dorking behaupten können, was für Chancen konnten wir dann wohl gegen denselben Feind hier auf diesem offnen Felde haben?

Dies Gefühl äusserster Verzweiflung brachte uns zu dem Entschluss selbst aller Hoffnung zuwider fortzukämpfen, aber zugleich kam uns jetzt doch der Gedanke an die Zukunft unseres Landes, an unsere Freunde und an alle die uns lieb und werth waren. Wir hatten keine Nachrichten über den Stand der Dinge im Lande, seitdem ich Wood am Tage vorher getroffen hatte. Wir wussten nicht, was in London inzwischen geschehen war, oder was die Regierung beschlossen hatte, und jemehr uns jetzt die Ueberlegung zurückkam, desto mehr erfüllte uns der Gedanke an andere und das brennende Verlangen zu wissen, was anderwärts vorging.

Unser General hatte erwartet hier Zufuhr von Proviant und Munition zu finden, aber bisher war nichts davon zu sehen. Die meisten von uns hatten kaum eine einzige Patrone nachbehalten; aber das Regiment, welches uns zunächst stand, und das bisher nicht im Treffen gewesen war, erhielt Befehl uns Patronen abzugeben, so dass wir wenigsten jeder 20 erhielten; und zugleich wurde eine kleine Abtheilung nach Kingston gesandt, um sich nach Proviant umzusehen. Einigen unserer Leute wurde auch gestattet auf eigene Hand in die Landhäuser hinter uns zu gehen und sich dort nach Nahrungsmitteln umzusehen. In ungefähr einer Stunde kamen sie mit etwas Brot und Fleisch zurück, so dass wir alle doch wenigstens etwas, wenn auch sehr wenig zu essen bekamen. Diese Leute erzählten auch, dass sie die meisten Häuser unbewohnt gefunden hätten, dass aber fast alle Vorräthe dort ausgeplündert und dass einige Häuser schon stark beschädigt seien.

Es muss wohl zwischen 3 und 4 Uhr gewesen sein, als wir in der Ferne vor uns wieder Kanonendonner hörten. Wir sahen den Pulverdampf über den Waldungen von Esher und Claremont aufsteigen.

Bald darauf kamen auch einige Truppenkörper auf der Ebene vor uns heran. Es war der Nachtrab unseres Linien-Militärs; auch wurden einige Kanonen herangefahren und ganz in unserer Nähe aufgestellt. Dies waren ursprünglich drei Batterien gewesen, jetzt aber waren davon im Ganzen nur noch acht Kanonen übrig. Die Brigade dieser Linien-Truppen bestand aus vier verschiedenen Regimentern, ihre ganze Anzahl aber war jetzt schwerlich mehr als acht- oder neunhundert Mann. Unser Regiment, und noch ein anderes hatte etwas zurücktreten müssen, um ihnen Platz zu machen. Etwas später wurden wir commandirt, die Eisenbahnstation (Surbiton) zu unserer Rechten zu besetzen.

Mein Bein war jetzt so steif geworden, dass ich nicht länger mit den übrigen marschiren konnte, und mein linker Arm war sehr geschwollen und schmerzhaft, so dass ich ihn durchaus nicht mehr anstrengen konnte; aber ich wollte alles andere lieber als zurückbleiben und so hinkte ich denn mühsam, so gut ich konnte, hinter dem Bataillon her bis zur Station hinunter.

Dort war ein Güterschuppen etwas weiter die Bahn hinunter, ein solides Mauersteingebäude; hier wurde eine Compagnie aufpostirt. Der Rest unserer Leute besetzte die Hofmauern des Bahnhofes.

Ein Stabs-Officier war mit unserem Regimente gegangen, um dort selbst die Anordnungen zu treffen;

wir würden eine Verstärkung von Linien-Militär erhalten, sagte er; und nicht lange darauf kam auch ein Zug mit solchen langsam von Guildford herangefahren. Das war der letzte Zug auf jener Bahn. Die Leute stiegen aus; der Zug fuhr in der Richtung nach London weiter, und dann wurde sofort eine Abtheilung Soldaten commandirt, die Schienen aufzureissen. Unter andern wurde uns in dem Schuppen auch ein Militärarzt beigegeben und ein Genie-Officier mit einigen Sappeurs, welche Löcher in die Mauer schlugen, die uns als Schiessscharten dienen sollten; freilich waren es nur ungefähr ein halbes Dutzend Leute, und so ging die Arbeit sehr langsam von Statten, da wir keine Werkzeuge hatten, um ihnen zu helfen.

Mittlerweile kam der Adjutant, der so frisch und thätig schien wie immer, zu uns in den Schuppen und commandirte uns im Stationshofe anzutreten. Die Abtheilung von Kingston war mit Proviant zurückgekehrt und wir hatten einen kleinen Bäckerkarren voll Brot, Mehl und rohem Fleisch als unsern Theil davon bekommen. Das Fleisch und das Mehl hatte ungekocht für uns keinen Werth, da wir kein Geschirr hatten, um sie zuzubereiten. Die Bröte aber verzehrten wir und fanden auch einen Wasserleitungs-Hahn im Hofe, so dass wir doch wenigstens mit dem Nöthigsten versorgt waren. Ich hätte auch sehr gerne meine Wunden gewaschen, die schon an zu eitern fingen, aber ich furchtete meinen Rock auszuziehen, da ich ihn wahrscheinlich nicht würde haben wieder anziehen können.

Während wir all diese Vorbereitungen trafen, verbreitete sich bei uns das Gerücht von einem Un-

glück, das viel grösser war als irgend eines, das
bisher geschehen war. Es hiess, Woolwich sei genommen. Wir alle wussten, dass dies unser einziges
Arsenal sei, und begriffen die Tragweite dieses Schlages
sehr wohl. Es war keine Hoffnung mehr, das Land
zu retten, — wenn das wirklich wahr war. In
äusserster Verzweiflung und Niedergeschlagenheit kehrten wir nach dem Schuppen zurück.

Obwohl dies erst unser zweiter Kriegstag war,
so waren wir doch schon soweit alte Soldaten, dass
wir gegen das Schiessen völlig abgestumpft waren,
und die Kanonade von Kugeln und Bomben, die jetzt
begann, machte keinen Eindruck auf uns. Wir fühlten
in der That wohl unseren Mangel an Disciplin; aber
wir waren dennoch alle entschlossen zu kämpfen, solange wir noch konnten. Die muthige Haltung unseres
Adjutanten begeisterte uns; und der Stabs-Officier,
welcher den Oberbefehl hatte, wusste sich auch das
Air zu geben, als ob uns der schliessliche Sieg nicht
fehlen könnte. Gerade als das Bombardement anfing,
sah er zu uns in den Schuppen hinein und meinte,
wir wären da so sicher wie in einer Kirche,
und sollten den Feind nur tüchtig pfeffern,
wenn er herankäme; wir würden sehr bald
frische Zufuhr von Patronen erhalten.

Es fanden sich einige Tritte und Bänke in dem
Schuppen; auf diese stellten sich unsere Leute, um
durch die oberen Schiesslöcher zu feuern, und einige
Soldaten von der Linie standen auf dem Boden parat,
um die unteren Reihen zu nehmen. Ich setzte mich in der
Mitte des Schuppens auf den Boden, denn ich konnte

mein Gewehr nicht mehr halten und es waren ausserdem mehr Soldaten als Schiesslöcher da.

Das Artilleriefeuer, dessen Kanonenschläge wir hörten, kam von einem ziemlich entfernten Höhenzuge. Das Gewehrfeuer hatte noch nicht begonnen. Plötzlich hörten wir einen Krach im Schuppen, und ich wurde von einem Schlag am Kopfe zu Boden geworfen. Einen Augenblick war ich fast betäubt, und konnte zuerst nicht begreifen, was eigentlich geschehen war; dann aber wurde mir klar, dass wohl eine Kugel die Mauer des Schuppens getroffen haben musste, ohne durch dieselbe hindurchzudringen; aber der Schlag hatte die Bank, welche gegen die Mauer gelehnt war mit den Leuten, welche darauf standen, umgeworfen und hatte zugleich eine Wolke von Cementstaub und Stücke von der Mauer abgeworfen, von denen eines mich getroffen hatte. Ich sah ein, dass ich jetzt gänzlich nutzlos sein würde: ich konnte mein Gewehr nicht mehr halten und konnte kaum stehen; so beschloss ich endlich nach meinem Hause zu gehen, das nicht weit entfernt lag; vielleicht würde ich noch den einen oder andern meiner Hausgenossen dort antreffen, dachte ich. Ich stand auf und hinkte davon.

Das Gewehrfeuer war mittlerweile eröffnet worden und unsere Leute feuerten stark drauf los von den Fenstern der Häuser und hinter den Mauern, Wagen und wo sie sonst im Bahnhofe Schutz gefunden hatten. Ein paar Feldgeschütze waren in der Mitte des Hofes aufgefahren und auf dem freien Platze hinter der Station war ein Reserve-Corps aufgestellt. Dort war auch der Stabs-Officier zu Pferde, und beobachtete den Fortgang des Gefechtes durch sein

Fernglas. Ich hatte in dem Augenblicke noch genug
Besinnung um einzusehen, dass unsere Position dort
ganz hoffnungslos war. Es war klar, dass ein
Feind wie der, mit dem wir es zu thun hatten, jene
Reihe einzeln liegender Häuser sehr bald forcirt haben
würde, und dann blieb unsern Truppen nichts übrig,
als sich zu ergeben.

Es war ungefähr eine engl. Meile bis nach unserm
Hause, und ich überlegte gerade, wie ich es möglich
machen sollte, mich bis dorthin zu schleppen, als mir
einfiel, dass ich das Haus, wo Travers wohnte,
zu passiren hatte. Dasselbe lag in einer der ersten
Reihen von Landhäusern an der Strasse, die von der
Surbiton-Station nach Kingston führt. Ich dachte,
ob er wohl zu Hause gebracht sei, wie sein treuer,
alter Diener beabsichtigt hatte, und ob wohl seine
junge Frau noch dort sei? Ich entsinne mich noch
heute, wie ich mich schämte, dass ich an diesen,
meinen besten Freund, seitdem er am Tage vorher
blutend vom Schlachtfelde getragen war, kaum ein
einziges Mal gedacht hatte. Aber der Krieg und die
Noth machen den Menschen zum Egoisten. Ich ent-
schloss mich zu ihm zu gehen und mich einen Augenblick auszuruhen. Vielleicht würde ich dort auch
helfen können.

Der Garten vor dem Hause sah noch so hübsch
und ordentlich aus wie immer. Ich war jeden Tag
dort auf meinem Wege zum Bahnhof vorbeigegangen,
und kannte jedes Blatt in dem Garten. Die
Blumen blühten noch ebenso frisch wie sonst; aber

es fiel mir schon auf, dass die Hausthür angelehnt
stand.

Ich trat ein, und sah den kleinen Arthur auf
dem Vorplatze stehen. Er war so niedlich angezogen,
wie er es stets war, und wie er da so stand in seinem
kleinen blauen Rock und mit seinem weissen Höschen
und weissen Socken, welche die strammen, kleinen Beine
sehen liessen, mit seinen gold-blonden Haar, seinem
hübschen Gesichtchen und seinen dunkelblauen Augen,
ein Bild kindlicher Anmuth; und dazu dies stille
trauliche Haus, ganz so wie es sonst auszusehen
pflegte, mit den Hüten und Röcken, die dort hingen,
mit den bekannten Bildern und mit den Vasen voll
frischer Blumen: — diese Oase des Friedens in Mitten
des Krieges machte mich stutzen, und liess mich wie
im wachen Traume zweifeln, ob doch der Teufelsspuk
da draussen Wirklichkeit oder nur ein böser Traum
sei. — Aber der Donner der Kanonen, der das
Haus erbeben machte, und das Sausen der Kugeln
gaben mir unzweifelhafte Antwort.

Der kleine Junge schien nichts von dem zu
begreifen, was um ihn her vorging. Er kletterte
gerade die Treppe hinauf, je eine Stufe zur Zeit,
indem er sich am Geländer hinaufzog, wie ich ihn
hundert Mal hatte thun sehn. Als ich eintrat drehte
er sich nach mir um; meine Erscheinung aber er-
schreckte ihn; und wie ich so wankend zur Thür herein
stolperte, das Gesicht und das Zeug mit Blut und
Schmutz bedeckt, muss ich wohl für ein Kind ein
grauenhafter Anblick gewesen sein; er fing an zu
schreien und wollte die Kellertreppe hinunterlaufen.
Als er aber meine Stimme erkannte und den freund-

lichen Ton hörte, kam er schüchtern zögernd zu mir
heran. Papa sei in der Schlacht gewesen, sagte er,
und sei sehr krank; Mama sei oben bei Papa; Wood
sei aus; Fanny sei unten im Keller und habe ihn
auch dortbin gebracht, aber er wolle nun zur Mama.

Ich sagte ihm, er solle auf der Diele warten bis
ich ihn riefe, stieg die Treppe hinauf und öffnete
leise die Thür der Schlafstube. — Da lag mein armer
Freund, sein Körper war auf dem Bette ausgestreckt,
den Kopf an die Schulter seiner Frau gelehnt, die
regungslos an seinem Bette sass. Er athmete schwer;
die Blässe seines Gesichtes, die geschlossnen Augen,
die krampfhaft starren Arme, der Schaum an seinem
Munde: das alles erzählte vom herannahenden Tode,
— Der treue, alte Diener hatte seinem Herrn den
letzten Dienst geleistet; er hatte ihn doch wenigstens
nach Hause gebracht, dass er in den Armen seines
jungen Weibes sterben konnte. Das arme Wesen
war zu sehr von ihrer Sorge und ihrem Schmerze in
Anspruch genommen, als das sie mein leises Oeffnen
der Thüre gemerkt hätte, und da das Kind den
Augenblick besser von dort fern blieb, so schloss ich
sacht die Thüre und ging wieder nach der Vordiele
hinunter, um den kleinen Arthur im Keller in Sicherheit zu bringen, dort wo sich die Dienstboten des
Hauses hingeflüchtet hatten. — Zu spät! — Ich
fand ihn unten an der Treppe auf dem Gesicht liegen,
seine kleinen Arme weit ausgestreckt und sein Haar
im Blut schwimmend. Ich hatte während ich oben
war den Krach nicht beachtet, aber ein Bomben-
splitter, der durch die offne Thür hereingekommen
sein musste, hatte ihm den Hinterkopf vollständig

abgerissen. Das Kind muss im Augenblicke todt gewesen sein. Ich versuchte den kleinen Leichnam mit meinem einen Arme aufzuheben, aber selbst diese Last war mir zu schwer; indem ich mich nieder-bückte verliessen mich die Kräfte, und ich verlor das Bewusstsein.

Als ich wieder zur Besinnung kam, war es ganz dunkel um mich her. Eine Zeitlang konnte ich nicht begreifen wo ich eigentlich war. Ich lag einige Zeit wie im Halb-Schlaf, und als ob ich mich nicht be-wegen könne. Nach und nach wurde mir klar, dass ich auf den Teppich eines Zimmers lag. Alles Schlachtgetöse hatte aufgehört, aber es war ein Lärm wie von vielen Stimmen dicht bei meinem Ohre. Endlich richtete ich mich auf, und versuchte aufzu-stehn. Die Bewegung verursachte mir heftige Schmerzen, denn meine Wunden waren stark entzündet, und mein Zeug, das an dem Blute festgeklebt war, riss an denselben bei jeder kleinen Verschiebung. Zuletzt gelang es mir doch, ganz in die Höhe zu kommen; ich tastete um mich her und fasste an eine Thür, hart an der ich gelegen hatte; ich öffnete sie, und dann wusste ich auch schon wieder, wo ich war.

Ich hatte in Travers' kleinem Vorderzimmer ge-legen und trat jetzt durch diese Thür auf die Diele hinaus. Das Gas war dort nicht angezündet; die Thür des gegenüberliegenden Empfangs-Zimmers war geschlossen, aber durch die halboffne Thür des nach hinten liegenden Ess-Zimmers fiel der schwache Schein eines Stearinlichtes auf die Diele.

In dem Ess-Saale sah ich wohl ein Dutzend fremder Gestalten. Es waren echte Niederdeutsche, — stämmige, kerngesunde Jungen mit gutmüthigen Gesichtern; aber dies Volk war damals noch nicht an solchen Wohlstand gewöhnt wie jetzt, und wie man ihn jener Zeit unter uns selbst beim niedren Volke fand. Der Tisch war mit Tellern, Gläsern und Flaschen bedeckt; die Mehrzahl der Leute schlief auf den Stühlen und auf dem Boden; einige rauchten und einer oder zwei, die noch ihre Pickelhauben aufhatten, waren mit Essen beschäftigt, und unterhielten sich dabei in abgerissenen Sätzen, die sie mit vollem Munde sprechend, so undeutlich hervorbrachten, dass es mir schwer wurde, sie zu verstehen, obwohl ich früher in ihrem Lande mit dem Dialect, den sie redeten, vertraut geworden war:

Na mit den Engelsmann is dat nu wol sacht to'n En'n, sagte einer von ihnen, ein breitschultriger Kerl, der gerade ein ungeheures Stück Ochsenbraten mit seinem Messer in den Mund stopfte. Zu welchem Zwecke er die silberne Gabel in der andern Hand hielt, war dem Manne offenbar noch nicht klar.

Jawol, ward ook Tied, erwiderte ihm ein Camerad, der sich auf die Long-Chaise hingestreckt hatte und überdies seine sehr schmutzigen Beine auf einen Stuhl stützte, der daneben stand. Er hatte eine von Travers' besten Cigarren im Munde. *Sünd doch ganz fixe Kerls mang düt Volk, wenn se sick man nich so veel up eer Voluntiers inbill't har'n.*

Na so slimm as de franszöschen Windhun'n sünd se doch nich.

Ne, aber 't is doch man so'n halben Kram;
ick glöv nich, datt düsse Voluntiers hier
gehörig inexerciert ward.

*Dat am En'n nich; aber drapen könt se doch;
— dat het uns hier veel Minschenleben kost.*

Ja aber dat alleen deit et doch nich;
dat Exercieren makt den Soldaten.

*Wenn de Engelsmann doch man so'n paar Sol-
daten har, de wat lehrt hefft, denn har he nich mit
uns Krieg anfangen müsst; wi har'n em ja nix
dahn; aber he dacht sien Voluntier-Kram ward
wol lang'n.*

Weiter hörte ich nicht nach der schonungslosen
Kritik hin, die diese Leute in ihrem einfachen Ver-
stande an unsern verkehrten Verhältnissen übten,
denn ein Geräusch auf der Treppe lenkte meine
Aufmerksamkeit ab. — Frau Travers stand auf dem
Treppenabsatze; ich schleppte mich zu ihr hinauf, so
gut ich konnte.

Unter den vielen traurigen Bildern, die mir aus
jenen Tagen in der Erinnerung haften geblieben
sind, steht mir kaum eines so klar vor der Seele wie
der schmerzliche Anblick dieser armen Freundin, die
in wenigen Augenblicken ihres Gatten und ihres
Kindes beraubt worden war; wie sie dort stand in
ihrem weissen Sommerkleide, wie ein Geist, der aus
dem Zimmer der Todten gekommen war. Sie hielt
ein Licht in der Hand, dessen fahler Schein die
Blässe ihres Gesichtes scharf hervortreten liess gegen
das schwarze Haar, das ihr aufgelöst über die Schultern fiel. Ein edler Sinn leuchtete auf diesem Ge-

sichte, wiewohl ihre schönen Züge von Mattigkeit und Kummer abgehärmt waren. Sie stand gefasst und ohne Thränen da; nur ihre zitternden Lippen liessen errathen, welche Anstrengung es ihr kostete, den namenlosen Schmerz zu bemeistern. — *Sie treuer Freund,* sagte sie, indem sie meine Hand fasste, *ich wollte eben kommen, um nach Ihnen zu sehen. Verzeihn Sie meinen Eigennutz, dass ich Sie so lange da habe liegen lassen; aber Sie begreifen wohl* (sie zeigte mit ihrem Kopfe nach oben) *dass ich in Anspruch genommen war.*

Wo ist . . . . fing ich an.

Mein Kind? — half sie mir aus mit dem, was ich zu fragen fürchtete. *Ich habe ihn zu seinem Vater gelegt.* — — *Aber jetzt lassen Sie mich nach Ihren Wunden sehen; o, wie blass und elend Sie aussehn! Setzen Sie sich doch nur hin!* — Damit ging sie in das Ess-Zimmer hinunter und brachte mir etwas Wein, den ich dankbar annahm; dann liess sie mich auf den obersten Stufen der Treppe niedersitzen, holte Wasser und etwas Leinewand, schnitt den Aermel meines Rockes ab, und wusch und verband meine Wunden. — Sie hatte sich vorhin eigennützig genannt; ich kam mir jetzt wirklich eigennützig vor, hier in dieser Weise ihr noch Sorge und Mühe zu machen; aber ich war thatsächlich zu schwach, um noch Willenskraft zu haben; ich bedurfte der Hülfe sehr, und sie zwang mich fast, dieselbe von ihr anzunehmen. Das Verbinden meiner Wunden gewährte mir auch in der That eine grosse Erleichterung.

Während sie sich so mit mir zu schaffen machte, erzählte sie mir in abgerissnen Sätzen, wie die Sachen

standen. Alle Zimmer des Hauses ausser ihrem
eignen, und dem kleinen Vorderzimmer, in das sie
mich vorher mit Hülfe des alten Wood geschleppt
hatte, seien von Soldaten in Beschlag genommen
worden. Wood sei zum Dienst bei der Reparatur
der Eisenbahn gepresst worden, und Fanny sei in
ihrer Angst davon gelaufen; die Köchin sei glücklicher
Weise an ihrem Platze geblieben, — habe den Soldaten das Essen gekocht und ihnen Travers' Wein-
keller aufgeschlossen. — *Was die fremden Leute
reden*, sagte sie, *kann ich nicht verstehen; sie sind
recht ungeschliffen; — aber roh und gefühllos
scheinen sie nicht zu sein; — um meine Sicherheit
brauchen Sie sich nicht zu sorgen. Sobald ich Ihre
Wunden verbunden habe, müssen Sie auch nach Ihren
eignen Hausgenossen sehen — wie es dort nur gehn
mag; man wird Sie dort gewiss sehr entbehrt haben;
— ich — ich will hier Wache halten; — man wird
mich dort wohl nicht belästigen.* Dabei warf sie
einen kurzen und so schmerzlichen Blick auf die
Thür des Zimmers, wo die Leichen ihres Mannes
und ihres Kindes lagen.

Ich fühlte, dass sie Recht hatte. Ich war hier
zu ihrer Beschützung überflüssig, und ich sehnte mich
nach Hause, um zu erfahren, was aus meiner kranken
Mutter und aus meiner unglücklichen Schwester geworden war; auch musste ich nothwendig Anstalten
für die Todten in diesem Hause treffen. — Ich nahm
kurzen Abschied, und schleppte mich dann fort. Es
war nicht nöthig für mich, ihr viele Worte des
Dankes zu sagen, und ihr Kummer war viel zu

gross, als dass irgend ein Beweis meiner Theilnahme ihr hätte wohlthun können.

Auf der Strasse vor dem Hause war viel Lärmen und Treiben. Ein Zug von Wagen passirte die Strasse entlang: es war der Train der Sussex- und der Surrey-Regimenter, der offenbar dem Feinde in die Hände gefallen war und jetzt unter Bewachung der fremden Soldaten transportirt wurde. Auch auf der Strasse brannte kein Gas; aber die ganze Landstrasse nach Kingston zu war mit Fackeln erleuchtet, die von Menschen gehalten wurden. Diese waren in kurzen Entfernungen von einander aufgestellt, so dass sie eine lange Kette bildeten. Die Leute waren jedenfalls zu diesem Dienst gepresst worden, denn ich erkannte darunter einige Besitzer von benachbarten Landhäusern.

Einer der ersten von diesen Fackelträgern, der mir auffiel, war ein steifer alter Herr, dessen Physiognomie mir sehr bekannt war; ich war oft Morgens oder Abends mit ihm in demselben Zuge zur Stadt hin oder zurück gefahren. Ich glaube, er war Bureau-Chef einer Verwaltungs-Behörde. Er hatte ein zimperliches Wesen, pflegte ein sehr vornehmes Gesicht zu machen und trug seinen langen Hals für gewöhnlich in eine altmodisch-breite, weisse Cravatte gewickelt.

Trotz der Bitterkeit und des Ueberdrusses, die mich in dem Augenblicke erfüllten, musste ich doch über den Alten lachen. Es war eine zu absurd komische Figur, wie er da stand in seinem feinem Anzuge mit derselben feierlichen Miene und derselben

ungeheuren Cravatte ganz wie sonst. Nun musste
der alte Thor Busse thun für seine National-Unfehl-
barkeit, — musste mit der schmutzigen Pechfackel
in seiner Hand vor seinem eignen Hause den Er-
oberern die Strasse erleuchten. — — Aber ein wich-
tigerer Gegenstand nahm bald meine Aufmerksamkeit
in Anspruch.

Ein Corporal mit ein paar Gemeinen führte auf
dem Fahrwege zwei Voluntiers vorbei, denen die
Hände auf den Rücken gebunden waren. Sie sahen
mich mit flehenden Blicken an, und ich trat vom
Trottoir hinunter, um den Corporal zu fragen, was
die Leute gethan hätten. Dabei berührte ich seinen
Aermel leise mit der Hand; sofort aber fuhr mich
der Mann an:
Aus dem Wege hier, hob sein Gewehr, wie um
mich fortzustossen und wandte sich zu den Gefangenen: *Vorwärts ihr Hallunken;* dann aber setzte er
für mich, wie entschuldigend in gebrochnem Englisch
hinzu: *Werden wir dies Volk von hinten auf uns
lassen schiessen, sie jetzt geschossen werden;* und ich
glaube, die beiden Unglücklichen würden wirklich
erschossen worden sein, wenn nicht den Augenblick
ein hochgestellter Officier in Begleitung mehrerer
andrer zu Pferde herangekommen wäre. Diesem rief
ich nun auf Deutsch an, so laut ich konnte:
Mein Herr, geschieht das mit Ihrer Be-
willigung, dass diese wehrlosen Gefangenen
erschossen werden sollen? —
Der Officier parirte sein Pferd und hielt den
Corporal mit den Leuten an, um zu hören, was es

gäbe. Meine Kenntniss der deutschen Sprache hatte mir wenigstens soweit geholfen, dass ich dadurch zu Gehör kam, während sonst wohl schwerlich auf mich geachtet worden wäre. Die beiden Gefangenen hatten sich natürlich nicht verständlich machen können, und hatten nicht einmal eine Ahnung davon, was sie eigentlich verbrochen haben sollten. Ich wollte gerade dem Officier ihre Erklärung übersetzen, aber kaum hatte ich angefangen zu sprechen, da unterbrach er mich. Er hatte sich inzwischen von dem Corporal den Fall kurz berichten lassen und wandte sich jetzt zu den Gefangenen, indem er ihnen in sehr gutem Englisch erklärte, worin ihr Unrecht bestünde. Diese versuchten dann ihm die näheren Umstände zu erklären: sie waren als Plänkler in der Nähe von Ditton in einer Scheune zurückgeblieben, und als sie endlich aus ihrem Versteck herauskamen, geriethen sie gerade unter einen Trupp feindlicher Soldaten. Da sie ihre Gewehre in der Hand hielten, hatte man geglaubt, sie hätten von hinten auf die Feinde schiessen wollen. Es war ein Wunder, dass sie nicht schon damals auf der Stelle niedergeschossen worden waren. — Der Officier liess die Leute in Freiheit setzen, und diese verschwanden hoch erfreut in einer Nebenstrasse.

Dieser Officier war eine noble Erscheinung und ein echter Soldat, aber seine Manieren waren ganz unbeschreiblich hochmüthig, und zwar um so mehr, da dieser Hochmuth unbewusst und unabsichtlich zu sein schien. Zwischen dem lahmen Voluntier, der ihn für seine gefangenen Cameraden anbettelte und ihm, dem stolzen Offizier des unbesiegten Heeres,

war in seinen Augen eine ganz unendliche Kluft.
Wären die zwei Gefangenen Hunde gewesen, so
hätte ihr Schicksal kaum mit mehr Geringschätzung
abgeurtheilt werden können. Was lag denn an dem
Leben von so ein paar Vagabonden?! Aber es
wiedersprach allerdings dem Gerechtigkeitsgefühl des
Officiers überhaupt irgend welches Blut zu vergiessen,
weder das eines Vagabonden, noch das eines Hundes,
— wenn doch keine Ursache dazu gegeben war.

Doch was rede ich von solchem einzelnen Falle?
— Jeder von uns hatte damals von Erniedrigungen
und Demüthigungen, die ihm widerfahren waren, zu
erzählen; da hörte man dieselbe Geschiche überall.
Schon vom ersten Augenblicke an, als sie uns mit
solcher Leichtigkeit in jener Schlacht über den Haufen
warfen, und uns dann wie Gesindel vor sich hertrieben,
war ihnen unsere ganze Macht nur lächerlich. Unsere
Handvoll wirklicher Truppen war fast bis auf den
letzten Mann aufgerieben worden; unsere Voluntiers
und unsere Miliz aber, die ihren Dienst nicht kaun-
ten, und mit Officieren, die a u c h ihr Handwerk
nicht verstanden, ohne Munition und ohne genügende
Ausrüstung, ohne die nöthige Organisation und hun-
gernd, wo doch Ueberfluss vorhanden war: die waren
für eine Armee, wie die unseres Feindes nichts als
hülfloser Pöbel — Freibeuter, die wohl hie und da
desperat fochten, aber über die eine richtig organisirte
und geschickt manövrirende Armee ohne Weiteres
hinwegmarschirte, fast als ob wir garnicht dagewesen
wären. — Glücklich waren die, deren Gebeine damals schon auf Surreys Gefilden bleichten; ihnen

7

wenigstens blieb diese Schmach erspart. Selbst euch
aber, die ihr jetzt es doch nie anders gekannt habt,
als unter Entbehrungen zu leben, selbst euch brennt
es in der Seele, wenn ich euch von jenen Tagen er-
zähle: was haben nun aber erst die erduldet, die wie
ich in dem Bewusstsein aufgewachsen waren, der
grössesten und stolzesten Nation auf Erden anzugehören,
einer Nation, der niemals Schmach oder Demüthigung
widerfahren war, die sich rühmte, eine Flagge zu
führen, über der die Sonne nicht unterging, und
deren Schlagwort war, dass sie den Ocean beherrsche,
und dass sie n i e anderen Völkern dienstbar werden
könne!

Man redet wohl von der Generosität grosser
Sieger — wir aber wurden nichts davon gewahr:
Wir hätten den Krieg angefangen, hiess es, und
w i r müssten nun die Folgen tragen. London und unser
einziges Arsenal waren in den Händen des Feindes
und wir waren vollständig der Gnade des Eroberers
Preis gegeben — seiner Gnade oder seinem Eigennutz; und konnte er wohl blind sein für die ungeheuren materiellen Vortheile, die seine Herrschaft
über unser reiches Land in jenem Augenblicke ihm
gewährten?! —

Was soll ich euch des Weiteren hier noch berichten! — von der ungeheuren Kriegsentschädigung,
die wir zu zahlen hatten; von den Steuern, die uns
auferlegt wurden, um diesen Betrag zu decken, und
die uns bis heute noch in Armuth und in Elend
niederhalten; — wie man uns damals grossartig erklärte, wir müssten jetzt eine neue Seemacht aner-

kennen, und wir müssten unschädlich gemacht werden; — wie die besten Schiffe unserer Flotte in
die Marine dieser neuen Weltmacht übergingen; —
wie die siegreichen Truppen hier im Lande auf
unsere Kosten schwelgten, und wie das schwere Joch,
das sie uns auferlegten dadurch so besonders uner-
träglich für uns wurde, dass es den Stempel von
Methode und Legalität annahm. — Es war weniger
schmerzlich seines Eigenthums von den Kriegsman-
schaften mit Gewalt beraubt zu werden, als jetzt
durch unsere eigenen Behörden, die zu Werkzeugen
der Erpressung gemacht wurden. Wie wir solche
Demüthigung, wie wir sie täglich, ja stündlich zu
ertragen hatten, haben überstehen können, kann ich
jetzt kaum begreifen. — Garnichts wurde uns von
unserer Macht gelassen und damit ging uns auch die
Basis unserer Existenz verloren. — Unserer Colonien
wurden wir beraubt; Canada und die westindischen
Besitzungen fielen an Amerika. Australien, Neu-See-
land und die Cap-Colonie wurden selbstständig. Irland riss sich von uns los und befindet sich seitdem
in beständiger Anarchie und Revolution. Gibraltar,
Malta, Cypern, Aden, Singapore, Hongkong und
St.-Helena mussten wir der neuen Seemacht abtreten.
Indien suchte sich lange noch ohne den Beistand
dieses seines eigentlichen Mutterlandes selbstständig
zu erhalten, und ist jetzt, wie ihr wisst, auch der
neuen Weltmacht in die Hände gefallen.

Wenn ich jetzt sehen muss, wie unser Handel
dahin ist, unsere Fabriken stille stehen und unsere
Häfen leer sind, — das ganze Land nur eine Trut-

sätte des Pauperismus und ein enger Käfig, für den
aufwärtsstrebenden Geist, der gewohnt war, im hohen
Fluge über die Erde dahinzueilen — und wenn ich
dann an meine Jugendzeit zurückdenke, wie solche
Zustände damals vorzugsweise in dem Lande herrsch-
ten, das uns überwand, und wie damals Gross-
Britannien jene erste Stellung in der Welt einnahm,
die jetzt diesem andern Volke zugefallen ist: dann
frage ich mich in der That, ob ich wohl ein Herz
und Liebe für Alt-England habe, dass ich seinen
Sturz so lange überleben konnte. Aber so vergeblich
auch die Hoffnung war, dass die alten Zeiten wieder-
kehren möchten: diese Hoffnung war's allein, die mich
aufrecht hielt. War doch Frankreich vordem gleiche
Demüthigung von derselben Hand widerfahren, und
es war dennoch nicht zu Grunde gegangen. Aber
freilich sind und waren die Verhältnisse dort andre.

Frankreichs Sturz war kaum weniger unerwartet
oder weniger verderblich als der unsre; den Franzosen
aber konnte doch der reiche Boden ihres Landes nicht
genommen werden. Die günstige Lage ihres weit-
ausgedehnten Landes aber ist die eigentliche Quelle
ihres zufriednen Wohlstandes. Colonien hatten sie
kaum oder hingen doch in keiner Weise vom Besitze
ihrer Colonien und von der wirthschaftlichen Aus-
beutung fremder Welttheile ab: Sie konnten sich von
solchem Schlage wohl erholen. — Anders war's dagegen seiner Zeit mit uns.

Unsre Prosperität hing allein von unserm Welt-
verkehre ab, von unserm auswärtigen Handel und von
unserm weltbeherrschenden Credite. Sobald die
Hauptwege des Handels einmal von uns abgelenkt

waren, fehlten uns Macht und Mittel sie wieder an uns zu ziehen; und sobald unser National-Credit einmal erschüttert war, konnte keine Macht der Welt ihn wieder herstellen.

Wenn man in jener Alten Guten Zeit die Leute bei uns reden hörte, so schien gar Niemand zu bezweifeln, dass nach Gottes Rathschluss unser Governement für ewige Zeit müsse Anleihen zu 3 pro Cent machen können, und dass der Handel deshalb nur bei uns sich concentrirte, weil die kleine Nebel-Insel, welche wir bewohnten, rings vom Meer umspült sei. Man vergass, dass unser Reichthum von Amerika, Australien, Indien, Afrika und China herrührte, und dass die Leute, welche dort ihr Geld erworben hatten, aufhören würden sich im nebeligen England niederzulassen, sobald England aufhörte, der Mittelpunkt des Weltverkehrs zu sein. Niemand wollte glauben, dass die meisten unsrer Productionen anderwärts preiswürdiger würden hergestellt werden können als bei uns, und dass nur unsre künstliche Stellung im Mittelpunkt des Weltgetriebes uns productionsfähiger als unsre Nachbarvölker machte. Hatten auch wohl manche unsrer Vorzüge, wie der Reichthum unsres Landes an Kohlen und Eisen, unsre isolirte Lage und die Seemannschaft unsres Volkes uns besondre Vortheile gewährt, um unser Land zu solcher hervorragenden Stellung zu verhelfen, und zur ersten Macht der Welt zu erheben, so hätten wir uns doch sagen müssen, dass auch die grössten Vorräthe von Kohlen und Eisen nicht unerschöpflich, dass unser Land nicht unbezwinglich, und dass unsre Seemannschaft nicht einzig in der Welt sein könne. Aber wie damals unsre herrschende Weltstellung das Mittel geworden war, um den Reichthum der Welt bei uns anzuhäufen, so hätte diese Weltstellung allein auch dieses Mittel für uns bleiben können und sollen. Diese Stellung aber gründete sich lediglich auf unsre Weltmacht.

Dadurch, dass wir jene fernen Länder, welche unsern Reichthum producirten, stets mit unserm Lande in Verbindung hielten, dadurch, dass unser Volk sich eben jene Länder mehr und mehr zu eigen machte, und im wechselseitigen Austausch mit denselben auch daheim an Wohlstand zunahm, und dadurch, dass wir als die erste Macht der Welt jenen Ländern den sichersten Schutz und die grössten Vortheile gewährten: — Dadurch allein waren wir im Stande, die Welt commerciell zu beherrschen. Diese Macht aber versäumten wir uns zu bewahren und zu sichern.

Erst als es zu spät war, wurde uns klar: Wir hätten ebenso stark als Landmacht sein müssen, wie wir es als Seemacht waren, oder hätten andernfalls uns mit der stärksten Landmacht, der wir eben damals den Krieg erklärt hatten, zu Schutz und Trutz verbinden und mit ihr gemeinsam unsere Interessen in der Welt vertreten sollen.